BODAS EM TIPASA

OBRAS DO AUTOR PUBLICADAS PELA EDITORA RECORD

O avesso e o direito
Bodas em Tipasa
Camus, o viajante
Estado de sítio
O estrangeiro
O exílio e o reino
O homem revoltado
A inteligência e o cadafalso
A morte feliz
A peste
A queda
O mito de Sísifo
Diário de viagem

ALBERT CAMUS
BODAS EM TIPASA

TRADUÇÃO DE
SÉRGIO MILLIET

1ª edição

EDITORA RECORD
RIO DE JANEIRO • SÃO PAULO
2021

EDITORA-EXECUTIVA	CAPA
Renata Pettengill	Leonardo Iaccarino
SUBGERENTE EDITORIAL	IMAGEM DE CAPA
Mariana Ferreira	Getty Images / sergey Mayorov / 500px
ASSISTENTE EDITORIAL	DIAGRAMAÇÃO
Pedro de Lima	Abreu's System
AUXILIAR EDITORIAL	TÍTULO ORIGINAL
Juliana Brandt	*Noces suivi de L'été*
REVISÃO	
Renato Carvalho	

CIP-BRASIL. CATALOGAÇÃO NA PUBLICAÇÃO
SINDICATO NACIONAL DOS EDITORES DE LIVROS, RJ

C218b
    Camus, Albert, 1913-1960
        Bodas em Tipasa / Albert Camus; tradução de Sérgio Milliet. –
1ª ed. – Rio de Janeiro: Record, 2021.

        Tradução de: Noces suivi de L'été
        ISBN 978-65-55-87238-5

        1. Absurdo (Filosofia) na literatura. 2. Existencialismo na literatura.
3. Ensaios franceses. I. Milliet, Sérgio. II. Título.

21-69681
                                             CDD: 844
                                            CDU: 82-4(44)

Meri Gleice Rodrigues de Souza – Bibliotecária – CRB-7/6439

Copyright © Editions Gallimard, Paris, 1959

Texto revisado segundo o novo Acordo Ortográfico da Língua Portuguesa.

Todos os direitos reservados. Proibida a reprodução, no todo ou em parte, através de quaisquer meios. Os direitos morais do autor foram assegurados.

Direitos exclusivos de publicação em língua portuguesa somente para o Brasil adquiridos pela
EDITORA RECORD LTDA.
Rua Argentina, 171 – Rio de Janeiro, RJ – 20921-380 – Tel.: (21) 2585-2000, que se reserva a propriedade literária desta tradução.

Impresso no Brasil

ISBN 978-65-55-87238-5

Seja um leitor preferencial Record.
Cadastre-se no site www.record.com.br e receba informações sobre nossos lançamentos e nossas promoções.

Atendimento e venda direta ao leitor·
sac@record.com.br

Sumário

Bodas

Bodas em Tipasa	11
O vento em Djemila	19
O verão em Argel	27
O deserto	41

O verão

O Minotauro ou A parada em Orã	60
As amendoeiras	86
Prometeu nos Infernos	93
Guia de bolso para as cidades sem passado	98
O exílio de Helena	104
O enigma	110
Volta a Tipasa	121
O mar muito de perto (*Diário de bordo*)	131

BODAS

O carrasco estrangulou o cardeal Carrafa com um cordão de seda que se partiu: foi preciso recomeçar duas vezes. O cardeal encarou o carrasco sem se dignar a pronunciar uma palavra.

Sthendal,
A duquesa de Palliano

Bodas em Tipasa

Tipasa, na primavera, é habitada pelos deuses e os deuses falam no sol e no odor dos absintos, no mar couraçado de prata, no céu azul inclemente, nas ruínas cobertas de flores e na luz aos borbotões sobre os montões de pedras. Em certas horas a campanha fica preta de sol. Os olhos tentam em vão abarcar outra coisa que não as gotas de luz e de cores tremulando nos cílios. O cheiro volumoso das plantas aromáticas raspa a garganta e sufoca no calor intenso. Mal posso divisar, ao fundo da paisagem, a massa preta do Chenoua que deita suas raízes nas colinas ao redor da aldeia e parte em ritmo seguro e pesado para se acocorar no mar.

Chegamos pela aldeia que já se abre para a enseada. Entramos num mundo amarelo e azul onde nos acolhe o suspiro perfumado e áspero da terra de verão na Argélia. Por toda parte as buganvílias rosadas ultrapassam os muros das vilas; nos jardins, hibiscos de um vermelho ainda pálido, uma profusão de rosas-chá espessas como creme e orlas delicadas de esgalgos lírios azuis. Todas as pedras estão quentes. Na hora em que descemos do ônibus cor de botão-de-ouro, os açougueiros ambulantes fazem o giro matinal em seus carros vermelhos e o soar de suas cornetas alerta os habitantes.

À esquerda do porto, uma escadaria de pedras gretadas conduz às ruínas, em meio às aroeiras e às giestas. O caminho passa em frente a um pequeno farol e, a seguir, mergulha em plena campanha. Já, ao pé do farol, grandes plantas oleosas, de flores roxas, amarelas e vermelhas, descem em direção aos primeiros rochedos que o mar suga com um ruído de beijos. Em pé ao vento brando, sob o sol que nos aquece apenas um lado do rosto, olhamos a luz cair do céu, o mar sem uma ruga, e o sorriso de seus dentes resplandecentes. Antes de entrar no reino das ruínas, somos pela última vez espectadores.

Ao fim de alguns passos os absintos nos pegam pela garganta. Seu cinzento lanoso cobre as ruínas a perder de vista. Sua essência fermenta ao calor, e da terra ao sol sobe, por toda a extensão do mundo, um álcool generoso que faz o céu vacilar. Caminhamos ao encontro do amor e do desejo. Não buscamos lições nem a amarga filosofia que se pede à grandeza. Com exceção do sol, dos beijos e dos perfumes selvagens, tudo se nos afigura fútil. Quanto a mim, não procuro ficar só aqui. Vim aqui muitas vezes com aqueles que eu amava e, em seus traços, lia o claro sorriso que neles tomava o semblante do amor. Aqui, deixo a outros a ordem e a medida. É a grande libertinagem da natureza e do mar que me abarca por inteiro. Nesse casamento das ruínas com a primavera, as ruínas voltaram a ser pedras e, perdendo o polimento imposto pelo homem, retornaram à natureza. Para a volta dessas filhas pródigas, a natureza prodigalizou as flores. Por entre as lajes do fórum, o heliotrópio estica sua cabeça redonda e branca, e os gerânios vermelhos derramam seu sangue sobre o que foram casas, templos e praças públicas. Como esses homens que muita ciência reconduz a Deus, muitos anos trouxeram as ruínas de volta à casa materna. Hoje, finalmente, o passado as abandona, e nada as distrai dessa força profunda a reconduzi-las ao centro das coisas que caem.

Quantas horas vividas a esmagar absintos, a acariciar ruínas, a tentar acomodar minha respiração aos suspiros tumultuários do mundo! Mergulhado entre os odores selvagens e os concertos de insetos sonolentos, abro os olhos e o coração para a grandeza insustentável deste céu ingurgitado de calor. Não é tão fácil a gente se tornar o que se é, reencontrar sua medida profunda. Mas, olhando a espinha sólida do Chenoua, meu coração se acalmava numa estranha certeza. Eu aprendia a respirar, integrava-me e realizava-me. Uma a uma, eu galgava as colinas, cada qual me propiciava uma recompensa, como esse templo cujas colunas medem a trajetória do sol e do qual se vê a aldeia inteira, seus muros brancos e rosados e suas varandas verdes. Como igualmente essa basílica da colina leste: conservou seus muros e, num grande raio ao redor dela, alinham-se sarcófagos exumados, na maioria mal saindo da terra de que ainda participam. Contiveram mortos; agora neles crescem salvas e goivos. A basílica Santa Salsa é cristã, mas cada vez que olhamos por uma abertura, é a melodia do mundo que chega até nós: outeiros plantados de pinheiros e ciprestes, ou o mar que apascenta seus cordeiros brancos a uns vinte metros. A colina que suporta Santa Salsa é achatada no cimo e o vento sopra mais à vontade através dos pórticos. Ao sol da manhã, uma grande felicidade balança no espaço.

Bem pobres são os que têm necessidade de mitos. Aqui os deuses servem de leitos ou de pontos de referência no curso dos dias. Descrevo e digo: "Isto é vermelho, isto é azul, isto é verde. Isto é o mar, a montanha, as flores." E para que falar em Dioniso a fim de dizer que gosto de esmagar os frutos de aroeira para cheirá-los? Será mesmo dedicado a Deméter o velho hino em que pensarei mais tarde sem constrangimento: "Feliz o vivente que na terra viu tais coisas." Ver e ver nesta terra, como esquecer a lição? Nos mistérios de Elêusis, bastava contemplar. Mesmo aqui, sei que nunca me aproximarei suficientemente do mundo. Preciso ficar nu e depois mergulhar no mar, todo perfumado ainda das essências da terra, lavá-las nele, e enlaçar sobre minha pele o abraço pelo qual há tanto tempo suspiram lábios colados a lábios, a terra e o mar. Entrando na água, eis a emoção viva, a subida de uma viscosidade fria e opaca, e depois o mergulho em meio ao zumbido dos ouvidos, nariz escorrendo e boca amarga — o nado, braços envernizados de água saindo do mar para se dourarem ao sol e recaindo numa torção de todos os músculos; o correr da água sobre meu corpo, essa posse tumultuosa da onda pelas minhas pernas — e a ausência de horizonte. Na praia, é a queda na areia, abandonado ao mundo, retomado à minha gravidade de carne e osso, estupidificado de sol, com, de vez em quando, um olhar para meus braços onde pedaços de pele seca descobrem, com o deslizar da água, a penugem loira e a poeira do sal.

Compreendo aqui aquilo que se chama glória: o direito de amar sem medida. Há um único amor neste mundo. Abraçar um corpo de mulher é também reter junto de si essa estranha alegria que desce do céu para o mar. Dentro em pouco, quando me atirar nos absintos para fazer o perfume deles entrar em meu corpo, tomarei consciência, contra todos os preconceitos, de estar realizando uma verdade, que é a do sol, e será também a da minha morte. Em certo sentido, é bem a minha vida que jogo aqui, uma vida com gosto de pedra quente, cheia dos suspiros do mar e das cigarras que começam agora a cantar. A brisa é fresca, e o céu, azul. Gosto desta vida com abandono e quero falar dela com liberdade: ela me dá orgulho de minha condição de homem. No entanto, muitas vezes disseram a mim: não há de que se orgulhar. Sim, há de quê: deste sol, deste mar, de meu coração pulando de juventude, de meu corpo com gosto de sal e do imenso cenário em que a ternura e a glória se encontram no amarelo e no azul. É na conquista disso que preciso aplicar minha força e meus recursos. Tudo aqui me deixa intato. Não abandono nada de mim mesmo, não ponho máscara nenhuma: basta-me aprender pacientemente a ciência difícil de viver, que vale em verdade todas as receitas que eles têm para o bem viver.

Pouco antes de meio-dia, voltávamos através das ruínas a um pequeno café na orla do porto. Com a cabeça ainda atordoada pelos címbalos do sol e das cores, que fresca acolhida a da sala cheia de sombra, do copo grande de menta verde e gelada! Lá fora, o mar e o caminho ardente de poeira. Sentado à mesa, tento apreender entre o bater dos cílios o deslumbramento multicor do céu branco de calor. Com o rosto molhado de suor, mas o corpo fresco no tecido leve que nos veste, exibimos, todos, a lassidão feliz de um dia de bodas com o mundo.

Come-se mal nesse café, mas há muitas frutas — pêssegos, principalmente, que a gente morde sem cortar nem descascar, de modo que o suco escorre pelo queixo. Com os dentes fincados no pêssego, escuto as batidas fortes de meu coração me subirem aos ouvidos, e arregalo os olhos. Sobre o mar, o silêncio enorme de meio-dia. Todo ser belo tem o orgulho natural de sua beleza e o mundo hoje deixa seu orgulho porejar por todos os lados. Diante dele, por que negaria eu a alegria de viver, se sei não encerrar tudo na alegria de viver? Não há vergonha em ser feliz. Mas hoje o imbecil é rei, e chamo imbecil aquele que tem medo de gozar. Falaram-nos tanto do orgulho: bem o sabeis, é o pecado de Satanás. Desconfiai, advertiam-nos, vós vos perdereis, e vossas forças vivas. Desde então, aprendi com efeito que certo orgulho... Mas, em outros momentos, não posso impedir-me de reivindicar o orgulho de viver que o mundo inteiro conspira em me dar. Em Tipasa, vejo equivale a creio, e não me obstino em negar o que a mão pode tocar e o lábio acariciar. Não sinto necessidade de fazer uma obra de arte, e sim de contar o que é diferente. Tipasa se me apresenta como esses personagens que a gente descreve para significar indiretamente um ponto de vista acerca do mundo. Como eles, ela testemunha, e virilmente. Ela é hoje meu personagem e me parece que, em a acariciando e descrevendo, minha embriaguez não terá mais fim. Há uma hora de viver e uma hora de testemunhar o viver. Há também uma hora de criar, o que é menos natural. Basta-me viver com todo o meu corpo e testemunhar com todo o coração. Viver Tipasa, testemunhar, e a obra de arte virá em seguida. Há aí uma liberdade.

Eu nunca ficava mais de um dia em Tipasa. Chega sempre um momento em que se viu demais uma paisagem, assim como é preciso muito tempo até vê-la suficientemente. As montanhas, o céu, o mar são como rostos cuja aridez ou esplendor descobrimos à força de olhar em vez de ver. Mas todo rosto, para ser eloquente, deve sofrer certa renovação. E há quem se queixe de ficar cansado com muita rapidez quando seria preciso admirar que o mundo nos pareça novo para ter sido somente esquecido.

Ao cair da tarde, dirigia-me a uma parte do parque mais ordenada, arranjada à maneira de jardim, à margem da estrada nacional. Ao sair do tumulto dos perfumes e do sol, no ar já então refrescado pela noite, o espírito se acalmava, o corpo relaxado degustava o silêncio interior que nasce do amor satisfeito. Eu me sentava num banco. Olhava a campanha se arredondar com o dia. Estava satisfeito. Acima de mim uma romãzeira dependurava os botões de suas flores, fechados e gomosos como pequenos punhos cerrados que contivessem toda a esperança da primavera. Havia alecrim atrás de mim, mas só percebia seu perfume de álcool. As colinas se enquadravam entre as árvores e, mais longe ainda, um debrum de mar acima do qual o céu, como uma vela parada, repousava com toda a ternura. Tinha no coração uma alegria estranha, essa mesma que nasce de uma consciência tranquila. Há um sentimento que os atores conhecem quando têm consciência de que desempenharam bem o papel, isto é, no sentido mais preciso, de que fizeram seus gestos coincidirem com os do personagem ideal por eles encarnado, que entraram de certa maneira num desenho feito de antemão e conseguiram num repente fazê-lo viver e palpitar com seu próprio coração. Era exatamente isso que eu sentia: desempenhara bem o meu papel. Executara bem o meu ofício de homem e o fato de ter conhecido a alegria durante um dia inteiro não se me afigurava um êxito excepcional, porém a realização comovida de uma condição que, em certas circunstâncias, impõe-nos o dever de ser felizes. Reencontramos então uma solidão, mas dessa vez na satisfação.

As árvores tinham-se agora povoado de pássaros. A terra suspirava lentamente antes de entrar na sombra. Dentro em pouco, com a primeira estrela, a noite cairá sobre o palco do mundo. Os deuses resplandecentes do dia retornarão à sua morte cotidiana. Mas outros deuses virão. E, embora mais sombrios, suas faces devastadas terão contudo nascido no coração da terra.

Agora, pelo menos, a incessante eclosão das ondas sobre a areia chegava-me através de todo um espaço onde dançava um pólen dourado. Mar, campanha, silêncio, perfumes desta terra, eu me impregnava de uma vida odorante e mordia o fruto já dourado do mundo, transtornado por sentir seu suco açucarado e forte escorrer pelos meus lábios. Não, não era eu que contava, nem o mundo, mas tão somente a harmonia e o silêncio que entre nós o amor engendrava. Amor que eu não tinha a fraqueza de reivindicar para mim só, consciente e orgulhoso de partilhá-lo com toda uma raça, nascida do sol e do mar, viva e saborosa, que busca sua grandeza na simplicidade e que, em pé nas praias, envia seu sorriso cúmplice ao sorriso deslumbrante de seus céus.

O vento em Djemila

Há lugares onde morre o espírito para que nasça uma verdade que é sua própria negação. Quando estive em Djemila, havia vento e sol, mas isto é outra história. O que é preciso dizer, antes de tudo, é que lá reinava um silêncio pesado e compacto — algo como o equilíbrio de uma balança. Pios de pássaros, o som aveludado da flauta de três furos, um patinhar de cabras, rumores vindos do céu, ruídos todos que faziam o silêncio e a desolação desses lugares. De quando em vez, um estalido seco, um grito agudo, assinalavam o voo de um pássaro escondido entre as pedras. Cada caminho seguido, atalhos em meio aos restos das casas, grandes ruas lajeadas sob as colunas luzidias, fórum imenso entre o arco de triunfo e o templo numa colina, tudo leva às ravinas que de todos os lados bordejam Djemila, baralho aberto para um céu sem limites. E nos encontramos lá, concentrados, em face das pedras e do silêncio, à medida que o dia avança e as montanhas crescem tornando-se violetas. Mas o vento sopra sobre o platô de Djemila. Nessa grande confusão do vento e do sol que mistura a luz às ruínas, vai-se forjando algo que dá ao homem a medida de sua identidade com a solidão e o silêncio da cidade morta.

É preciso muito tempo para ir a Djemila. Não é uma cidade onde se para e que se ultrapassa. Não conduz a parte alguma e não dá para nenhuma região. É um lugar de onde se volta. A cidade morta fica no fim de uma estrada sinuosa, que parece prometê-la a cada curva e por isso mesmo se afigura ainda mais longa. Quando, afinal, surge num planalto de cores apagadas, enterrado entre altas montanhas, seu esqueleto amarelado como uma floresta de ossos, Djemila se apresenta então como o símbolo dessa lição de amor e de paciência que é a única capaz de nos conduzir ao coração palpitante do mundo. Lá, em meio a algumas árvores, ao capim seco, ela se defende, com todas as suas montanhas e todas as suas pedras, da admiração vulgar, do pitoresco ou dos jogos da esperança.

Tínhamos deambulado o dia inteiro por esse esplendor árido. Pouco a pouco, o vento, apenas perceptível no início da tarde, parecia aumentar com as horas e abarcar toda a paisagem. Soprava de uma abertura nas montanhas, ao longe a leste, acorria do fundo do horizonte e vinha saltar, cascateando, entre as pedras e o sol. Sem cessar, assobiava com força através das ruínas, girava num circo de pedras e de terra, banhava os montes de blocos esfarelados, cercava cada coluna com seu sopro e vinha se espalhar em gritos contínuos sobre o fórum que se abria para o céu. Eu me sentia estalar ao vento como um velame. Escavado pelo meio, olhos em brasa, lábios rachados, minha pele se ressequia ao ponto de não ser mais minha. Através dela, antes, eu decifrava a escrita do mundo. Este traçava nela os sinais de sua ternura ou de sua ira, aquecendo-a com seu sopro de verão ou mordendo-a com seus dentes de orvalho gelado. Mas assim, tão demoradamente esfregado pelo vento, sacudido mais de uma hora, estonteado de resistência, eu perdia consciência do desenho traçado por meu corpo. Como o seixo envernizado pelas marés, eu fora polido pelo vento, desgastado até a alma. Eu era um pouco dessa força, segundo a qual eu flutuava, e muito dela depois, e ela própria finalmente, confundindo as batidas de meu sangue com as grandes pancadas sonoras deste coração onipresente da natureza. O vento me moldava à imagem da nudez ardente que me cercava. E seu abraço fugidio dava a mim, pedra entre as pedras, a solidão de uma coluna ou de uma oliveira no céu de verão.

Esse banho violento de sol e de vento esgotava todas as minhas forças de vida. Em mim, apenas, esse bater de asas que aflora, essa vida que se lamenta, essa frágil revolta do espírito. Logo mais, espalhado pelos quatro cantos do mundo, desmemoriado, esquecido de mim mesmo, sou o vento e, no vento, essas colunas e esse arco, essas lajes que evocam calor e essas montanhas pálidas ao redor da cidade deserta. E nunca senti, tão profundamente, meu desapego de mim mesmo e minha presença no mundo.

Sim, estou presente. E o que me impressiona neste momento é que não posso ir mais adiante. Como um homem em prisão perpétua — e tudo é presente nele. Mas também como um homem que sabe que amanhã será semelhante, bem como todos os demais dias o serão. Porque, para um homem, tomar consciência de seu presente é não esperar mais nada. Se há paisagens que são estados de alma, são as mais vulgares. E eu seguia por toda essa região alguma coisa que não me pertencia, e sim a ela, como um gosto de morte comum a ambos. Entre as colunas, agora de sombras oblíquas, as inquietudes se fundiam no ar como pássaros feridos. E, em seu lugar, essa lucidez árida. A inquietude nasce do coração dos vivos. Mas a calma recobrirá esse coração vivo: eis toda a minha clarividência. À medida que o dia transcorria, que os ruídos e as luzes sufocavam sob as cinzas que desciam do céu, abandonado de mim mesmo, eu me sentia sem defesa contra as forças lentas que em mim diziam não.

Pouca gente compreende que há uma recusa que nada tem em comum com a renúncia. Que significam aqui as palavras futuro, bem-estar, situação? Que significa o progresso do coração? Se recuso obstinadamente todos os "mais tarde" do mundo, é porque se trata em verdade de não renunciar à minha riqueza presente. Não me agrada acreditar que a morte se abre para outra vida. Para mim é uma porta fechada. Não digo que é um passo que cumpre dar e sim que é uma aventura horrível e suja. Tudo o que me é proposto se esforça por descarregar o homem do peso de sua própria vida. E, diante do voo pesado dos grandes pássaros no céu de Djemila, é precisamente certo peso de vida que reclamo e obtenho. Ser inteiro nessa paixão passiva e o resto não mais me pertencem. Tenho mocidade demais em mim para poder falar em morte. Mas me parece que, se devesse fazê-lo, aqui é que encontraria a palavra exata que diria, entre o horror e o silêncio, a certeza consciente de uma morte sem esperança.

Vivemos com algumas ideias familiares. Duas ou três. Ao acaso dos mundos e dos homens encontrados, polimo-las, transformamo-las. Dez anos são precisos para termos uma ideia bem nossa — de que possamos falar. Naturalmente, é um pouco desanimador. Mas o homem com isso ganha certa familiaridade com a bela fisionomia do mundo. Até então, ele o via face a face. Cumpre-lhe doravante dar um passo de lado para lhe olhar o perfil. Um homem jovem olha o mundo face a face. Não teve tempo de polir a ideia de morte ou de nada, cujo horror, entretanto, remoeu. Deve ser isso a juventude, esse duro tête-à-tête com a morte, esse medo físico do animal que ama o sol. Contrariamente ao que se diz, pelo menos quanto a isso, a juventude não tem ilusões. Não lhe sobrou tempo nem devoção para construí-las. E não sei por que, diante dessa paisagem corroída, diante desse grito de pedra lúgubre e solene, Djemila, inumana ao cair do sol, diante dessa morte da esperança e das cores, eu tinha a certeza de que, em chegando ao fim de uma vida, os homens dignos deste nome devem reencontrar esse tête-à-tête, renegar as poucas ideias que foram suas e recobrar a inocência e a verdade que brilham no olhar dos homens antigos em face de seu destino. Recuperam a juventude, mas abraçando a morte. Nada mais desprezível, a esse respeito, que a doença. É um remédio contra a morte. Prepara-nos para a morte. Ela cria um aprendizado cujo primeiro estágio consiste em se condoer de si mesmo. Ela dá um apoio ao homem em seu grande esforço de se furtar à certeza de morrer por inteiro. Mas Djemila.... e sinto muito bem então que o verdadeiro, o único progresso da civilização, aquele a que de vez em quando o homem se apega, é o de criar mortes conscientes.

O que me espanta sempre, visto que estamos tão dispostos a sutilizar em outros assuntos, é a pobreza de nossas ideias acerca da morte. É um bem ou é um mal. Temo-a ou a espero (dizem). Mas isso prova também que tudo o que é simples nos ultrapassa. Que é o azul e que pensar do azul? Idêntica dificuldade com a morte. Sobre a morte e as cores, não sabemos discutir. E, no entanto, é bem importante, esse homem diante de mim, pesado como a terra, a prefigurar o meu futuro. Mas posso pensar nisso realmente? Digo a mim mesmo: terei de morrer; mas isso nada quer dizer, porquanto não chego a acreditar e só posso ter a experiência da morte dos outros. Vi gente morrer. Sobretudo, vi cachorros morrerem. Tocá-los é que me transtornava. Penso então: flores, sorrisos, desejos de mulheres; e compreendo que todo o meu horror de morrer está contido em meu ciúme de viver. Tenho ciúme dos que hão de viver e para os quais as flores e os desejos de mulheres hão de ter todo o sentido de carne e de sangue. Sou invejoso, porque amo demais a vida para não ser egoísta. Que me importa a eternidade. Pode-se estar lá, deitado um dia, ouvindo dizerem: "Você é forte e devo ser sincero com você: posso lhe dizer que vai morrer"; estar lá, com toda a vida entre as mãos, todo o medo nas entranhas e um olhar idiota! Que significa o resto: fluxos de sangue vêm bater às minhas têmporas e me parece que esmigalharia tudo ao redor de mim.

Mas os homens morrem, em que pese a sua vontade, apesar de seus disfarces. Dizem-lhes: "Quando estiver curado...";
e eles morrem. Não quero isto. Pois, se há dias em que a natureza mente, há outros em que ela diz a verdade. Djemila diz a verdade esta tarde, e com que triste e insistente beleza!

Para mim, diante deste mundo, não quero mentir nem que mintam para mim. Quero carregar minha lucidez até o fim e encarar meu fim com toda a profusão de minha inveja e de meu horror. É à medida que me separo do mundo que tenho medo da morte, à medida que me apego à sorte dos homens que vivem em vez de contemplar o céu que dura. Criar mortes conscientes é diminuir a distância que nos separa do mundo, e entrar sem alegria na realização, consciente das imagens exaltantes de um mundo perdido para sempre. E o canto triste das colinas de Djemila me incrusta mais profundamente na alma a amargura desta lição.

Ao crepúsculo, galgávamos as rampas que conduzem à aldeia e, voltando sobre nossos passos, ouvíamos as explicações: "Aqui se encontra a cidade pagã; este bairro que se estende fora das terras é o dos cristãos. Mais tarde..." Sim, é verdade. Homens e sociedades se sucederam aqui; conquistadores marcaram esta região com sua civilização de sargentos. Tinham uma ideia baixa e ridícula da grandeza e mediam a de seu Império pela superfície que cobria. O milagre está em que as ruínas de sua civilização sejam a própria negação de seu ideal. Porque esta cidade esqueleto, vista de tão alto na tarde agonizante e nos voos brancos dos pombos ao redor do arco do triunfo, não inscrevia no céu os sinais da conquista e da ambição. O mundo acaba sempre vencendo a história. Esse grande grito de pedras que Djemila lança entre as montanhas, o céu e o silêncio, conheço bem a sua poesia: lucidez, indiferença, os verdadeiros sinais do desespero ou da beleza. O coração se aperta diante desta grandeza que já vamos deixando. Djemila fica atrás de nós com a água triste de seu céu, um canto de pássaro que vem do outro lado do platô, rápido e repentino escorregar de cabras nos flancos das colinas e, no poente calmo e sonoro, a figura viva de um deus de cornos no frontão de um altar.

O verão em Argel

a Jacques Heurgon

São, amiúde, amores secretos os que partilhamos com uma cidade. Cidades como Paris, Praga e até Florença são fechadas em si mesmas e, assim, limitam o mundo que lhes é peculiar. Mas Argel, e com ela certos centros privilegiados como as cidades à beira-mar, abre-se para o céu como uma boca ou um ferimento. O que se pode amar em Argel é aquilo de que todo mundo vive: o mar na esquina de todas as ruas, certo peso de sol, a beleza da raça. E, como sempre, nesse impudor e nessa oferenda, encontra-se um perfume mais secreto. Em Paris, pode-se ter a saudade de espaço e de bater de asas. Aqui, ao menos, o homem está pleno e certo de seus desejos; pode então medir suas riquezas.

Sem dúvida, é preciso viver muito tempo em Argel para compreender o que pode haver de árido no excesso de bens naturais. Nada há aqui para quem desejasse aprender, educar-se ou se tornar melhor. Esta terra é sem lições. Nada promete nem deixa entrever. Contenta-se em dar, mas em profusão. Entrega-se inteiramente aos olhos e a gente a conhece a partir do instante em que a goza. Seus prazeres não têm remédio, e suas alegrias permanecem sem esperança. O que ela exige são almas clarividentes, isto é, sem consolação. Ela pede um ato de lucidez como se faz um ato de fé. Terra singular que dá ao homem que ela alimenta seu esplendor e sua miséria a um tempo! A riqueza sensual de que o homem sensível desta terra é provido, não há como estranhar que coincida com a mais extrema miséria. Não há verdade que não traga consigo seu amargor. Como estranhar então que nunca ame a fisionomia desta terra mais do que entre seus homens mais pobres?

Os homens encontram aqui durante toda a juventude uma vida à medida de sua beleza. E, depois, é a descida e o esquecimento. Apostaram na carne, mas sabiam que deviam perder. Em Argel, para quem é jovem e vivo, tudo é refúgio e pretexto para triunfos: a baía, o sol, os jogos em vermelho e branco dos terraços para o mar, as flores e os estádios, as moças de pernas frescas. Mas, para quem perdeu a juventude, nada a que se apegar e nenhum lugar onde a melancolia possa fugir de si mesma. Alhures, os terraços da Itália, os claustros da Europa ou o perfil das colinas provençais são lugares onde o homem pode esquivar-se de sua humanidade e se libertar docemente de si próprio. Mas tudo aqui exige a solidão e o sangue dos homens jovens. Goethe agonizando pede mais luz e trata-se de uma frase histórica. Em Belcourt e em Bab el Ued, os anciãos sentados no fundo dos cafés ouvem as fanfarrices dos rapazes de gel no cabelo.

Esses começos e esses fins, é o verão que outorga a nós em Argel. Durante esses meses, a cidade é desertada. Mas os pobres ficam e o céu. Com os primeiros, descemos juntos ao porto e aos tesouros do homem: mornidão da água e os corpos morenos das mulheres. À noite, empanturrados dessas riquezas, eles reencontram o encerado e o lampião de querosene que constituem todo o cenário de suas vidas.

Em Argel não se diz "tomar um banho" e sim "dar-se um banho". Toma-se banho no porto e vai-se descansar nas boias. Quando se passa perto de uma boia onde se encontra uma bonita menina, grita-se para os companheiros: "Eu te digo que é uma gaivota." São alegrias sadias. É realmente de crer que constituem o ideal desses rapazes, porquanto continuam na mesma vida durante o inverno e, todos os dias ao meio-dia, põem-se eles nus ao sol para um almoço frugal. Não que tenham lido as pregações aborrecidas dos naturistas, esses protestantes da carne (há uma sistemática do corpo tão exasperadora quanto a do espírito). Mas é porque "estão bem ao sol". Nunca se avaliará bastante a importância desse costume para a nossa época. Pela primeira vez, há dois mil anos, o corpo foi posto nu nas praias. Há vinte séculos, os homens se esforçaram por tornar decentes a insolência e a ingenuidade gregas, por diminuir a carne e complicar a vestimenta. Hoje, e por cima dessa história, a vida dos jovens nas praias do Mediterrâneo reata os gestos magníficos dos atletas de Delos. E, vivendo assim junto dos corpos e pelo corpo, percebe-se que ele tem seus matizes, sua vida e, arriscando um absurdo, uma psicologia que lhe é peculiar.* A evolução do corpo, como a do espírito,

---

* Posso dar-me ao ridículo de dizer que não gosto da maneira por que Gide exalta o corpo? Ele lhe pede que retenha seu desejo para torná-lo mais agudo. Assim se aproxima daqueles que na gíria dos bordéis se chamam complicados ou cerebrais. O cristianismo também quer sustar o desejo. Se mais natural, porém, nele vê uma mortificação. Meu amigo Vincent, que é

tem sua história, seus retrocessos, seus progressos e seu déficit. Com esta diferença apenas: a cor. Quando se vai durante o verão aos banhos do porto, toma-se consciência de uma passagem simultânea de todas as peles do branco ao dourado, então ao castanho para acabar em uma cor de tabaco que é o limite extremo do esforço de transformação de que o corpo é capaz. O porto é dominado pelo jogo de cubos brancos da Casbá. Quando a gente está no nível da água, os corpos desenham uma moldura bronzeada contra o fundo branco cru da cidade árabe. E, à medida que o mês de agosto avança e o sol engrossa, o branco das casas se faz mais ofuscante e as peles adquirem um calor mais sombrio. Como então não se identificar com esse diálogo da pedra e da carne à medida do sol e das estações? Toda a manhã se escoou em mergulhos, em explosões de gargalhadas entre os jatos de água, em longas remadas ao redor dos cargueiros vermelhos e pretos (os que chegam da Noruega e têm todos os perfumes da madeira; os que chegam da Alemanha cheios do odor dos óleos; os que fazem a costa recendem a vinho e a tonéis velhos). Na hora em que o sol transborda de todos os cantos do céu, a canoa alaranjada carregada de corpos morenos nos traz de volta numa corrida louca. E, quando, suspensas bruscamente as pancadas cadenciadas dos remos cor de frutos, deslizamos longamente na água calma da bacia, como não ter certeza de que conduzo atra-

---

tanoeiro e campeão júnior de natação, tem uma visão das coisas bem mais clara ainda. Ele bebe quando tem sede, se deseja uma mulher procura dormir com ela e a desposaria se a amasse (não aconteceu ainda). Depois, ele diz sempre: "É melhor assim" — o que resume com vigor a apologia que se poderia fazer da saciedade.

vés das águas lisas uma carga selvagem de deuses em que reconheço meus irmãos?

Mas, no outro extremo da cidade, o verão já nos estende em contraste suas outras riquezas: refiro-me a seus silêncios e seu tédio. Esses silêncios não são todos da mesma qualidade, conforme nasçam da sombra ou do sol. Há o silêncio de meio-dia na praça do Governo. À sombra das árvores que a bordejam, árabes vendem por cinco soldos copos de limonada gelada, perfumada com flor de laranjeira. Seu pregão "Geladinha, geladinha" atravessa a praça deserta. Depois, o silêncio volta a cair sob o sol: no cântaro do vendedor, o gelo vira e lhe ouço o ruído ligeiro. Há o silêncio da sesta. Nas ruas de La Marine, diante dos salões imundos dos barbeiros, pode-se medi-lo pelo zumbido melodioso das moscas por trás das cortinas de caniços. Alhures, nos cafés mouros da Casbá, é o corpo que é silencioso, que não pode despregar-se desses lugares, deixar o copo de chá e reencontrar o tempo com o murmúrio de seu sangue. Mas há sobretudo o silêncio das tardes de verão.

Esses breves instantes em que o dia se pendura oscilante na noite, serão eles a tal ponto povoados de sinais e de apelos secretos para que Argel em mim lhes esteja assim ligada? Quando fico algum tempo longe dessa terra, sonho com seus crepúsculos como promessas de felicidade. Nas colinas que dominam a cidade há caminhos por entre as aroeiras e as oliveiras. E é para eles que meu coração então se volta. E vejo revoadas de pássaros pretos se alçarem no horizonte verde. No céu, repentinamente esvaziado de seu sol, algo se relaxa. Todo um pequeno mundo de nuvens vermelhas se estica até se reabsorver no ar. Quase imediatamente depois, aparece a primeira estrela que a gente via se formar e tomar consistência na espessura do céu. E a seguir, de súbito, devoradora, a noite. Tardes fugidias de Argel, que têm elas de inigualável para que desatem tantas coisas em mim? Essa doçura que me deixam nos lábios, mal tenho tempo de me fartar e já desaparece dentro da noite. Será esse o segredo de sua persistência? A ternura dessa terra é perturbadora e furtiva. Mas, no momento em que está presente, o coração pelo menos se lhe entrega por inteiro. Na praia Padovani, o *dancing* abre todos os dias. E nessa imensa boate retangular aberta, em toda a sua extensão, para o mar, a mocidade pobre do bairro dança até a noite. Amiúde, eu esperava lá um minuto singular. Durante o dia, a sala é protegida por anteparos inclinados de madeira. Quando o sol se deita, levantam-nos. Então, a sala se enche de uma estranha luz verde, nascida da concha dupla do céu e do mar. Quando se está sentado longe das janelas, a gente vê somente o céu e, como projeções de uma lanterna mágica, os rostos dos dançarinos que passam, um após outro. Por vezes, é uma valsa que estão tocando e, sobre o fundo verde, os perfis morenos giram com obstinação, como essas silhuetas recortadas que se colocam no prato da vitrola. A noite chega rapidamente depois e, com ela, as luzes. Mas eu não poderia dizer o que acho de extasiante e secreto nesse instante sutil. Lembro-me pelo menos de uma moça alta, magnífica, que dançara a tarde inteira. Usava um colar de jasmins sobre o vestido azul colante, que o suor molhava das costas até as pernas. Ria ao dançar e virava a cabeça. Quando passava perto das mesas, deixava atrás de si um odor mesclado de flores e carne. Com a noite, eu não via mais seu corpo grudado ao de seu par, mas, no céu, giravam as manchas alternadas do jasmim branco e dos cabelos pretos, e, quando ela jogava para trás o pescoço eufórico, eu ouvia seu riso e via o perfil de seu par se inclinar de súbito. A ideia que tenho da inocência, é a essas tardes que a devo. E aprendo a não mais separar esses seres carregados de violência do céu em que rodopiam seus desejos.

Nos cinemas de bairro, em Argel, vendem-se às vezes pastilhas de menta que trazem, gravado em vermelho, tudo o que é necessário ao nascimento do amor: 1. perguntas: "Quando casará comigo?"; "Você me ama?"; 2. respostas: "Loucamente"; "Na primavera". Depois de preparado o terreno a gente as entrega à vizinha que responde da mesma forma ou se limita a se fazer de boba. Em Belcourt, já se viu muitos casamentos se realizarem dessa maneira e vidas inteiras se comprometerem numa troca de pastilhas de menta. E isso dá bem uma ideia do povo criança dessa terra.

A característica da juventude talvez seja uma vocação magnífica para as felicidades fáceis. Mas é, principalmente, uma precipitação em viver que chega ao desperdício. Em Belcourt, como em Bab el Ued, as pessoas se casam jovens. Trabalham desde cedo e em dez anos esgotam a experiência de uma vida de homem. Um operário de trinta anos já deu tudo o que tinha. Aguarda o fim junto com a mulher e os filhos. Seus prazeres foram bruscos e sem piedade. Do mesmo modo a sua vida. E compreende-se então que tenha nascido nessa terra, onde tudo é dado para ser tirado. Nessa abundância e nessa profusão, a vida desenha a curva das grandes paixões, repentinas, exigentes, generosas. Não é para ser construída, mas queimada. Não se trata então de refletir e de se tornar melhor. Aqui, a noção de inferno, por exemplo, não passa de amável brincadeira. Semelhantes devaneios só são permitidos aos muito virtuosos. E acho mesmo que a virtude é uma palavra sem significação em toda a Argélia. Não que esses homens careçam de princípios. Eles têm a sua moral, e muito particular. Não "faltam" com a mãe. Fazem respeitar a esposa na rua. Dão todas as atenções à mulher grávida. Dois não atacam um adversário, porque "é feio". Quem não observa essas regras elementares "não é homem", e está encerrado o assunto. Isso se me afigura justo e másculo. Ainda somos muitos a obedecer inconscientemente a esse código da rua, o único desinteressado que conheço. Mas concomitantemente a moral do vendeiro é desconhecida aqui. Sempre vi à minha volta feições compadecidas diante de um homem enquadrado por policiais. E, antes de saberem se o homem havia roubado, se era parricida ou simplesmente não conformista, já diziam "Coitado" ou, com um acento de admiração, "Que pirata!".

Há povos nascidos para o orgulho e para a vida. São os que nutrem a mais singular vocação para o tédio. É também neles que o sentimento da morte se apresenta mais asqueroso. Pondo-se de lado a satisfação dos sentidos, os divertimentos desse povo são ineptos. Uma sociedade de afeiçoados do boliche e os banquetes de "confraternização", o cinema a três francos e as festas municipais bastam há muito tempo para a recreação dos que têm mais de trinta anos. Os domingos de Argel são dos mais sinistros. Como esse povo sem espírito saberia vestir de mitos o horror profundo de sua vida? Aqui, tudo o que diz respeito à morte é ridículo ou odioso. Esta gente sem religião e sem ídolos morre só, depois de ter vivido em multidão. Não conheço local mais horrível do que o cemitério do bulevar Bru, diante de uma das mais belas paisagens do mundo. Um amontoado de mau gosto em meio a revestimentos pretos deixa transparecer a tristeza terrível desses lugares onde a morte descobre sua fisionomia verdadeira. "Tudo passa, dizem os ex-votos em forma de coração, menos a saudade." E todos insistem nessa eternidade irrisória que nos fornece a pouco custo o coração dos que nos amaram. As mesmas frases servem para todos os desesperos. Dirigem-se ao morto e lhe falam na segunda pessoa: "Nossa lembrança não te abandonará"; falsidade sinistra com que se emprestam um corpo e desejos àquilo que quando muito é um líquido preto. Alhures, em meio a uma estúpida profusão de flores e de pássaros de mármore, esta promessa temerária: "Nunca teu túmulo ficará sem flores." Mas logo nos sentimos tranquilizados: a inscrição envolve um ramalhete de gesso dourado, assaz econômico para o tempo dos vivos (como essas perpétuas que devem o nome pomposo à gratidão dos que ainda pegam o bonde andando). Como é preciso viver de acordo com a época, substitui-se às vezes a clássica toutinegra por incrível avião de pérolas, pilotado por um anjo bobo que, sem outro cuidado com a lógica, foi munido de magnífico par de asas.

Como fazer compreender, entretanto, que essas imagens da morte nunca se separam da vida? Os valores estão aqui estreitamente ligados. A piada predileta do pessoal do Serviço Funerário, quando passam sem defunto, é gritar "Tu vens, querida?" para as meninas bonitas que encontram no caminho. Nada impede de ver nisso um símbolo, embora desagradável. Pode também parecer blasfematório responder, piscando com o olho esquerdo, à notícia de um falecimento:

"Coitado, não cantará mais"; ou como aquela oranesa que nunca amara o marido: "Deus me deu, Deus me tirou." Mas, afinal de contas, não vejo o que a morte pode ter de sagrado e sinto bem, ao contrário, a distância que há entre o medo e o respeito. Tudo aqui respira o horror de morrer num país que convida à vida. E, no entanto, é aos pés dos muros desse cemitério que os jovens de Belcourt marcam encontros e as moças se oferecem aos beijos e às carícias.

Compreendo bem que um povo assim não pode ser aceito por todos. Aqui, a inteligência não tem vez como na Itália. Esta raça é indiferente ao espírito. Cultua e admira o corpo. Disso tira sua força, seu cinismo cândido* e uma vaidade pueril que lhe vale ser severamente julgada. Censuram-lhe comumente a "mentalidade", isto é, uma maneira de ver e viver. E é verdade que certa intensidade de vida não vai sem injustiça. Eis, entretanto, um povo sem passado, sem tradição mas não sem poesia — mas uma poesia cuja qualidade conheço bem, dura, carnal, distante da ternura, essa ternura de seu céu, a única, sem dúvida, que me comove e me concentra. Ao contrário de um povo civilizado, é um povo criador. Esses bárbaros que se espairecem nas praias, tenho a esperança insensata de que, sem o perceberem, talvez estejam modelando a fisionomia de uma cultura em que a grandeza do homem encontrará enfim sua verdadeira expressão. Esse povo jogado por inteiro no presente vive sem mitos, sem consolação. Os dotes da beleza física lhe foram prodigalizados. E com eles a avidez singular que acompanha sempre essa riqueza sem futuro. Tudo o que se faz aqui assinala o desprezo pela esta-

---

* Ver nota na p. 39.

bilidade e a despreocupação com o futuro. Apressam-se em viver e, se uma arte aí devesse nascer, obedeceria a esse ódio da duração que impeliu os dórios a talhar na madeira sua primeira coluna. E, no entanto, sim, pode-se encontrar uma medida ao mesmo tempo que uma superação na fisionomia violenta e obstinada deste povo, neste céu de verão esvaziado de ternura, diante do qual todas as verdades podem ser ditas e sobre o qual nenhuma divindade enganadora traçou os sinais da esperança ou da redenção. Entre o céu e esses rostos voltados para ele, nada em que dependurar uma mitologia, uma literatura, uma ética ou uma religião, mas tão somente pedras, carne, estrelas e essas verdades que a mão pode tocar.

Sentir suas ligações com uma terra, seu amor por alguns homens, saber que há sempre um lugar onde o coração encontrará a paz, já é um punhado de certezas para uma só vida de homem. E sem dúvida isso não pode bastar. Mas nessa pátria da alma tudo aspira a certos minutos. "Sim, é para lá que precisamos voltar." Que há de estranho em encontrar, na terra, essa união que Plotino desejava? A unidade se exprime aqui em termos de sol e mar. Ela é sensível ao coração por certo gosto de carne que constitui sua amargura e sua grandeza. Entendo que não há felicidade sobre-humana, nem eternidade fora da curva dos dias. Esses bens irrisórios e essenciais, essas verdades relativas são as únicas que me comovem. As outras, as "ideais", eu não tenho alma bastante para compreendê--las. Não que seja necessário bancar o animal, mas não vejo sentido na felicidade dos anjos. Sei apenas que o céu durará mais que eu. E a que chamarei eternidade senão àquilo que continuará depois de minha morte? Não exprimo aqui uma complacência da criatura em sua condição. É outra coisa bem diferente. Nem sempre é fácil ser um homem, menos ainda ser um homem puro. Mas ser puro é encontrar essa pátria da alma em que se torna sensível o parentesco do mundo, em que as pulsações do sangue se aliam às pulsações violentas do sol das duas horas. É sabido que a pátria se reconhece sempre no momento de perdê-la. Para os que são demasiado atormentados por si mesmos, o país natal é aquele que os nega. Não gostaria de ser brutal nem de parecer exagerado. Mas, enfim, o que me nega nesta vida é antes de tudo o que me mata. Tudo o que exalta a vida, aumenta ao mesmo tempo sua absurdidade. No verão da Argélia, compreendo que só uma coisa é mais trágica que o sofrimento, e é a vida de um homem feliz. Mas também pode ser o caminho de uma grande vida, pois leva a não trapacear.

Muitos, com efeito, afetam amar a vida para eludir ao próprio amor. Tenta-se gozar e "fazer experiências". Mas é um ponto de vista do espírito. É preciso uma vocação excepcional para ser um gozador. A vida de um homem se realiza sem o auxílio de seu espírito, com seus recuos e avanços, sua solidão e presenças ao mesmo tempo. Vendo esses homens de Belcourt, que trabalham, defendem suas mulheres e seus filhos, e muitas vezes sem censura, penso que se pode sentir secreta vergonha. Por certo, não alimento ilusões. Não há muito amor nas vidas de que falo. Deveria dizer que não há mais. Mas, ao menos, elas nada eludiram. Há palavras que nunca compreendi muito bem, como, por exemplo, pecado. Acho, entretanto, que esses homens não pecaram contra a vida. Pois, se há um pecado contra a vida, talvez não consista tanto em desesperar dela quanto em esperar outra vida, e se furtar à implacável grandeza desta. Esses homens não trapacearam. Deuses do verão, eles o foram aos vinte anos pelo seu ardor em viver e o são ainda, privados de qualquer esperança. Vi morrerem dois deles. Estavam cheios de horror, mas silenciosos. É melhor assim. Da caixa de Pandora, em que fervilhavam os males da humanidade, os gregos fizeram sair a esperança depois de todos os outros, como o mais terrível de todos. Não conheço símbolo mais comovente. Pois a esperança, ao contrário do que se imagina, equivale à resignação. E viver não é se resignar.

Eis, pelo menos, a áspera lição dos verões da Argélia. Mas já a estação treme e o verão oscila. Primeiras chuvas de setembro, após tantas violências e retesamentos, são como as primeiras lágrimas da terra liberta, como se durante alguns dias o país se melasse de ternura. Na mesma época, contudo, as alfarrobeiras põem um perfume de amor em toda a Argélia. À noite, ou depois da chuva, a terra inteira, com o ventre molhado de um sêmen com odor de amêndoa amarga, repousa por se ter dado ao sol durante todo o verão. E eis que novamente esse odor consagra as bodas do homem com a terra, e faz brotar em nós o único amor realmente viril deste mundo: perecível e generoso.

Nota

A título de ilustração, segue um relato de uma briga em Bab el Ued reproduzido palavra por palavra. (O narrador não costuma falar como o Cagayous, de Musette. Que ninguém se espante. A linguagem de Cagayous é amiúde uma linguagem literária, ou seja, uma reconstrução. As pessoas da "bandidagem" não costumam falar gírias. Elas empregam palavras com origem em gírias, o que é diferente. Os argelinos usam um vocabulário típico e uma sintaxe especial. Mas é por lhes introduzir na língua francesa que essas criações encontram seu valor.)

Então Coco avança até ele e lhe diz: "Pare aí, pare." O outro diz: "Que que foi?" Então Coco lhe diz: "Eu vou te dar umas pancadas." "Você vai dar pancadas em mim?" Então ele coloca a mão para trás, mas era um ardil. Então Coco lhe diz: "Não coloque a mão para trás, senão eu te dou um rabo de arraia e te como na pancada de qualquer jeito."

O outro não colocou a mão para trás. E Coco deu uma única pancada — não duas, uma. O outro caiu no chão. "Ui, ui", disse. Então o mundo veio abaixo. Começou a briga. Houve um que avançou para cima de Coco, dois, três. Quanto a mim, eu disse: "Me diz, você vai bater no meu irmão?" "Esse aí é seu irmão?" "Se não é meu irmão, é como se fosse meu irmão." Então dei uma rasteira nele. Coco deu uma pancada nele, eu dei uma pancada nele. Lucien deu uma pancada nele. Bum-bum. Então os policiais vieram. Eles nos algemaram, veja só. Eu estava morto de vergonha de ter de atravessar todo o Bab el Ued. Em frente ao Gentleman's Bar, havia caras conhecidos meus e moças. Eu estava morto de vergonha. Mas depois o pai de Lucien disse a nós: "Vocês estavam certos."

O deserto

a Jean Grenier

Viver é, por certo, um pouco o contrário de exprimir. A julgar pelos grandes mestres toscanos, é testemunhar três vezes: no silêncio, no ardor e na imobilidade. É preciso muito tempo para reconhecer que os personagens dos quadros deles se encontram todos os dias nas ruas de Florença ou Pisa. Mas não sabemos mais ver, tampouco, as fisionomias reais que nos cercam. Não olhamos mais nossos contemporâneos, ávidos tão somente daquilo que, neles, serve a nossa orientação e regula nossa conduta. À fisionomia preferimos sua mais vulgar poesia. Mas Giotto ou Piero della Francesca sabem muito bem que a sensibilidade de um homem não é nada. E coração, na verdade, todo mundo tem. Mas os grandes sentimentos simples e ternos ao redor dos quais gravita o amor à vida, ódio, amor, lágrimas e alegria, crescem no âmago do homem e moldam a fisionomia de seu destino — como no sepultamento de Giottino, na dor de ranger os dentes de Maria. Nas imensas glorificações das igrejas toscanas, vejo, certamente, uma multidão de anjos de expressões indefinidamente decalcadas, mas em cada um desses rostos mudos e apaixonados reconheço uma solidão.

Trata-se sem dúvida de pitoresco, de episódico, de matizes ou de se comover. Trata-se sem dúvida de poesia. O que importa é a verdade. E verdade chamo a tudo o que continua. Há um ensinamento sutil em pensar que, neste sentido, só os pintores podem saciar nossa fome. É porque têm o privilégio de se fazerem os romancistas do corpo. É porque trabalham nessa matéria magnífica e fútil que se chama presente. E o presente sempre se figura num gesto. Eles não pintam um sorriso ou um pudor fugidio, saudade ou esperança, e sim um rosto em seu relevo de carne e osso e no seu calor de sangue. Dessas caras imobilizadas em linhas eternas, eles expulsaram para sempre a maldição do espírito: ao preço da esperança. Porque o corpo ignora a esperança. Ele só conhece o pulsar de seu sangue. A eternidade que lhe é própria é feita de indiferença. Como essa *Flagelação* de Piero della Francesca em que, num pátio recém-lavado, Cristo supliciado e o carrasco de membros pesados mostram a mesma displicência de atitude. É porque mesmo esse suplício não tem continuação. E sua lição se detém na moldura da tela. Qual a razão de se comover para quem não espera um amanhã? Essa impassibilidade e essa grandeza do homem sem esperança, esse eterno presente, é precisamente o que os teólogos avisados denominaram inferno. E o inferno, como ninguém o ignora, é também a carne que sofre. É nessa carne que os toscanos se detêm e não em seu destino. Não há pinturas proféticas. E não é nos museus que cumpre buscar razões de esperar.

A imortalidade da alma preocupa, é verdade, muitos bons espíritos. Mas é porque recusam, antes de lhe esgotar a seiva, a única verdade que lhes é dada e que é o corpo. Pois o corpo não lhes coloca problemas, ou, pelo menos, conhecem a única solução que ele propõe: é uma verdade que deve apodrecer e, por isso, se reveste de uma amargura e de uma nobreza que eles não ousam olhar de frente. Os bons espíritos preferem a poesia, que é coisa da alma. Vê-se bem que jogo com as palavras. Mas compreende-se também que por verdade quero apenas consagrar uma poesia mais elevada: a chama preta que de Cimabue a Francesca os pintores italianos ergueram em meio às paisagens toscanas, como o lúcido protesto do homem jogado numa terra cujo esplendor e cuja luz lhe falam sem cessar de um Deus que não existe.

À força de indiferença e insensibilidade, acontece um desses rostos alcançar um dia a grandeza mineral de uma paisagem. Assim como certos camponeses da Espanha chegam a se assemelhar às oliveiras de suas terras, os rostos de Giotto, despojados das sombras irrisórias em que a alma se manifesta, acabam por se confundir com a própria Toscana na única lição de que ela é pródiga: um exercício da paixão em detrimento da emoção, uma mistura de ascese e de gozos, uma ressonância comum à terra e ao homem, pela qual o homem, como a terra, se define a meio caminho entre a miséria e o amor. Não há tantas verdades assim de que o coração tenha certeza. E eu bem sentia a evidência desta, certa tarde em que a sombra começava a banhar os vinhedos e os olivais dos arredores de Florença numa grande tristeza muda. Mas a tristeza nesta terra sempre é apenas um comentário da beleza. E, no trem que coleava através da tarde, eu sentia algo se desatar em mim. Poderei duvidar hoje de que, com a fisionomia da tristeza, aquilo era, contudo, felicidade?

Sim, a lição ilustrada por seus homens, a Itália a prodigaliza também pelas suas paisagens. Mas é fácil perder a felicidade, porquanto ela é sempre imerecida. O mesmo ocorre com a Itália. E sua graça, conquanto repentina, nem sempre é imediata. Melhor que qualquer outro país, ela convida ao aprofundamento de uma experiência que parece, entretanto, oferecer-nos por inteira desde logo. É que ela se mostra primeiro pródiga de poesia para melhor esconder sua verdade. Seus primeiros sortilégios são ritos de esquecimento: os loendros de Mônaco, Gênova cheia de flores e de odores de peixe e as tardes azuis na costa da Ligúria. Depois Pisa, finalmente, e com ela uma Itália que perdeu o encanto algo canalha da Riviera. Mas ela é ainda fácil, e por que não nos prestarmos por algum tempo à sua graça sensual? Para mim, sem injunções quando estou aqui (e que me acho privado das alegrias do viajante acuado, porque uma passagem com preço reduzido me obriga a ficar durante certo tempo na cidade "de minha escolha"), minha paciência de amar e compreender me parece sem limites nesta primeira tarde em que, cansado e faminto, entro em Pisa, recebido na avenida da estação por dez alto-falantes berrantes que derramam uma onda de canções sobre uma multidão em que quase todo mundo é jovem. Já sei o que me espera. Depois dessa palpitação de vida, haverá esse instante singular, com os cafés fechados e o retorno repentino do silêncio, em que irei por ruas curtas e escuras para o centro da cidade. O Arno preto e dourado, os monumentos amarelos e verdes, a cidade deserta, como descrever esse subterfúgio tão súbito e tão hábil pelo qual Pisa às dez da noite se transforma num estranho cenário de silêncio, de água e de pedras! "Foi numa noite assim, Jessica!" Neste planalto sem-par, eis que os deuses aparecem com a voz dos amantes de Shakespeare... É preciso saber nos entregarmos ao sonho quando o sonho se entrega a nós. Do canto mais interior que se vem buscar aqui, já sinto os primeiros acordes no fundo desta noite italiana. Amanhã, amanhã somente, a campanha tomará corpo dentro da manhã. Mas esta noite, eis-me deus entre os deuses e, diante de Jessica que foge dos "passos arrebatados do amor", misturo minha voz à voz de Lorenzo. Mas Jessica não passa de um pretexto, e este transporte de amor a ultrapassa. Sim, acredito, Lorenzo a ama menos do que lhe é reconhecido por ela lhe permitir amá-la. Mas por que pensar esta noite nos Amantes de Veneza e esquecer Verona? É porque, afinal, nada convida aqui a se encher de ternura por amantes infelizes. Nada mais vão que morrer por um amor. Viver é que seria preciso. E Lorenzo vivo vale mais que Romeu na terra, apesar de sua roseira. Como então não dançar nestas festas do amor vivo — dormir à tarde sobre a relva tosada da Piazza del Duomo, entre os monumentos que sempre temos tempo para visitar, beber nas fontes da cidade onde a água é um pouco morna mas tão fluida, rever mais uma vez aquele rosto risonho de mulher, de nariz alongado e boca altiva. É preciso compreender somente que essa iniciação prepara para iluminações mais elevadas. São os cortejos fulgurantes que conduzem os iniciados dionisíacos a Elêusis. É na alegria que o homem prepara suas lições e, chegando ao mais alto grau de embriaguez, a carne se torna consciente e consagra sua comunhão com um mistério sagrado cujo símbolo é o sangue preto. O esquecimento de si mesmo, haurido no ardor dessa primeira Itália, eis o que nos prepara para essa lição que nos liberta da esperança e nos arranca de nossa história. Dupla verdade do corpo e do instante, ao espetáculo da beleza, como não se apegar a ele tal qual nos agarramos à única felicidade esperada, que deve nos encantar, mas ao mesmo tempo perecer.

O materialismo mais repugnante não é aquele que se pensa, mas o que quer levar-nos a impingir ideias mortas por realidades vivas e desviar para mitos estéreis a atenção obstinada e lúcida que devotamos àquilo que em nós deve morrer para sempre. Lembro-me de que, em Florença, no claustro dos mortos, na Santissima Annunziata, vi-me transportado por alguma coisa que pude tomar por aflição, mas que não passava de cólera. Chovia. Eu estava lendo as inscrições das lajes funerárias e dos ex-votos. Um fora pai terno e marido fiel; outro, a um tempo o melhor dos esposos e comerciante avisado. Uma jovem mulher, modelo de todas as virtudes, falava o francês "si come il nativo".* A moça era toda a esperança dos seus, "ma la gioia è pellegrina sulla terra".** Mas nada disso tudo me atingia. Quase todos, segundo as inscrições, tinham-se resignado a morrer, e sem dúvida, já que aceitavam seus outros deveres. Agora, as crianças haviam invadido o claustro e brincavam de sela sobre as lajes que pretendiam perpetuar virtudes. A noite caía, eu me sentara no chão, encostado a uma coluna. Um padre me sorrira ao passar. Na igreja, o órgão tocava surdamente e o colorido quente de sua melodia ressurgia por vezes em meio aos gritos das crianças. Sozinho, encostado à coluna, eu estava como alguém que, violentamente agarrado pela garganta, grita sua fé numa derradeira palavra. Tudo em mim protestava contra

---

* Em italiano no original: "como um nativo". (*N. do T.*)
** Em italiano no original: "mas a alegria é peregrina na Terra". (*N. do T.*)

semelhante resignação. "É preciso", diziam as inscrições. Não, e minha revolta tinha razão. Essa alegria que passava, indiferente e absorta como um peregrino na terra, cabia-me acompanhá-la passo a passo. E, quanto ao resto, eu dizia não. Dizia não com todas as minhas forças. As lajes me ensinavam que era inútil e que a vida é "col sol levante col sol cadente".* Mas, ainda hoje, não vejo o que a inutilidade tira de minha revolta e sinto ao contrário o que ela lhe acrescenta.

De resto, não era o que queria dizer. Desejaria envolver de mais perto uma verdade que sentia então no coração mesmo de minha revolta e de que esta não era senão o prolongamento, uma verdade que ia das pequenas rosas tardias do claustro de Santa Maria Novella às mulheres daquela manhã de domingo em Florença, de seios livres dentro dos vestidos leves e de lábios úmidos. Naquele domingo, no canto de cada igreja, erguiam-se mostruários de flores, oleosas e brilhantes, perladas de água. Eu via nisso então uma espécie de "ingenuidade" ao mesmo tempo que uma recompensa. Nas flores como nas mulheres, havia uma opulência generosa e não via por que desejar umas diferisse de cobiçar as outras. O mesmo coração puro bastaria. Não é sempre que um homem sente o coração puro. Mas nesses momentos, ao menos, seu dever é chamar verdade ao que tão singularmente o purificou, ainda que essa verdade a outros possa parecer blasfêmia, como era o caso para o que eu pensava nesse dia: passara a manhã num convento de franciscanos, em Fiesole, cheio do aroma de loureiros. Permanecera longo tempo num pátio pleno de flores vermelhas, de sol, de abelhas amarelas e pretas. A um

---

* Em italiano no original: "com o sol nascente, com o sol poente". (*N. do T.*)

canto havia um regador verde. Antes, eu visitara as celas dos monges e vira suas pequenas mesas guarnecidas de caveiras. Agora, o jardim testemunhava suas inspirações. Eu voltara a Florença, ao longo da colina que se precipitava para a cidade a se oferecer com todos os seus ciprestes. Esse esplendor do mundo, essas mulheres e essas flores, parecia-me que era como a justificação daqueles homens. Não tinha a certeza de que não fosse também a de todos os homens que sabem que um ponto extremo de pobreza se identifica sempre com o luxo e a riqueza do mundo. Na vida daqueles franciscanos, encerrados entre colunas e flores, e na dos jovens da praia Padovani, em Argel, que passam o ano todo ao sol, eu sentia uma ressonância comum. Se se despojam, é para uma vida maior (e não para outra vida). É pelo menos o único emprego válido da palavra "desnudez". Estar nu conserva sempre um sentido de liberdade física e esse acorde da mão com as flores — esse entendimento amoroso da terra com o homem liberto do humano —, ah!, bem que a ele me converteria se já não fosse minha religião. Não, isto não pode ser uma blasfêmia — e tampouco se eu disser que o sorriso interior dos são Franciscos de Giotto justifica os que têm o gosto da felicidade. Pois os mitos estão para a religião como a poesia para a verdade: são máscaras ridículas aplicadas à paixão de viver.

Irei mais longe? Os mesmos homens que, em Fiesole, vivem diante das flores vermelhas têm na cela a caveira que nutre suas meditações. Florença às suas janelas e a morte em suas mesas. Certa continuidade no desespero pode engendrar a alegria. E, a certa temperatura da vida, a alma e o sangue misturados vivem à vontade em contradições, tão indiferentes ao dever quanto à fé. Não me espanta mais então que, num muro de Pisa, uma mão galhofeira tenha assim resumido sua singular noção da honra: "Alberto fa l'amore con la mia sorella".* Não me espanta mais o fato de ser a Itália a terra dos incestos ou, pelo menos, o que é mais significativo ainda, dos incestos confessados. Porque o caminho que vai da beleza à imoralidade é tortuoso, mas certo. Mergulhada na beleza, a inteligência faz sua refeição de nada. Diante dessas paisagens cuja grandeza sufoca, cada um de seus pensamentos é uma rasura no homem. E logo, negado, coberto, recoberto e obscurecido por tantas convicções acabrunhadoras, ele nada mais é perante o mundo que uma mancha informe que só conhece verdade passiva, ou sua cor ou seu sol. Paisagens assim tão puras secam a alma e sua beleza é insuportável. Nesses evangelhos de pedra, de céu e de água está escrito que nada ressuscita. Doravante, no fundo desse deserto magnífico para o coração, começa a tentação para os homens deste país. Que há de espantoso em que espíritos educados diante do espetáculo da nobreza, no ar rarefeito da beleza, fiquem muito pouco persuadidos de que a grandeza possa unir-se à bondade? Uma inteligência sem deus que a complete busca um deus no que a nega. Bórgia, chegando ao Vaticano, exclama: "Agora que Deus nos deu o papado, cumpre apressar-se em gozá-lo." E fez como o disse. Apressar-se é bem o que cabe dizer. E nisso já se sente o desespero tão peculiar aos seres cumulados de bens.

Talvez me engane. Pois, no fim das contas, fui feliz em Florença e muitos outros antes de mim. Mas que é a felicidade

---

* Em italiano no original: "Alberto dorme com minha irmã". (*N. do T.*)

senão a simples concordância entre um ser e a existência que leva? E que concordância mais legítima pode unir o homem à vida exceto a dupla consciência de seu desejo de duração e de seu destino de morte? Com isso aprende-se, ao menos, a não contar com nada e a considerar o presente a única verdade que nos é dada "a mais". Bem sei que me dizem: a Itália, o Mediterrâneo, terras antigas onde tudo está à medida do homem. Mas onde então, e que me mostrem o caminho? Deixai-me abrir os olhos para procurar minha medida e minha satisfação! Ou melhor, bem vejo: Fiesole, Djemila e os portos ao sol. A medida do homem? O silêncio e as pedras mortas. Tudo mais pertence à história.

Entretanto, não é aí que nos deveríamos deter. Pois não foi dito que a felicidade seja forçosamente inseparável do otimismo. Ela está ligada ao amor — o que não é a mesma coisa. E conheço horas e lugares onde a felicidade pode parecer tão amarga que a ela se prefira a promessa. Mas é que, nessas horas ou nesses lugares, eu não tinha bastante coragem para amar, isto é, para não renunciar. O que cumpre aqui é essa entrada do homem nas festas da terra e da beleza. Porque nesse minuto, ele abandona diante de seu deus, tal qual o neófito seus últimos véus, a insignificante moeda de sua personalidade. Sim, há uma felicidade mais alta em que a felicidade parece fútil. Em Florença, eu subia até o alto do jardim Boboli, até uma esplanada de onde se descobriam o monte Oliveto e as alturas da cidade até o horizonte. Em cada uma dessas colinas, as oliveiras eram pálidas como pequenas fumaças e, na ligeira névoa que produziam, destacavam-se os jatos mais duros dos ciprestes, verdes os mais próximos e pretos os mais longínquos. No céu de um azul profundo visível, grandes nuvens punham manchas. Com o fim da tarde, caía uma luz argêntea em que tudo se fazia silêncio. O cimo das colinas se achava primeiramente nas nuvens. Mas se erguera uma brisa, cujo sopro eu sentia no meu rosto. Com ela, e por trás das colinas, as nuvens se separaram como uma cortina que se abre. Concomitantemente, os ciprestes do cume pareceram crescer de chofre no azul subitamente descoberto. Com eles, toda a colina e a paisagem de oliveiras e de pedras subiram lentamente. Outras nuvens surgiram. A cortina se fechou. E a colina tornou a descer com seus ciprestes e suas casas. Depois, novamente — e ao longe sobre outras colinas cada vez mais apagadas — a mesma brisa que aqui abria as pregas espessas das nuvens as fechava no horizonte remoto. Nessa grande respiração do mundo, o mesmo sopro ocorria a alguns segundos de distância e retomava de quando em quando o tema de pedra e ar de uma fuga à escala do mundo. Cada vez, o tema diminuía de um tom: acompanhando-o um pouco mais longe, eu me acalmava um pouco mais. E, chegando ao fim dessa perspectiva sensível ao coração, eu abarcava de um só golpe de vista essa fuga das colinas respirando todas juntas e com ela o canto da terra inteira.

Milhões de olhos, eu o sabia, contemplaram essa paisagem e, para mim, ela era como o primeiro sorriso do céu. Punha-me fora de mim no sentido profundo da expressão. Ela me assegurava que, sem meu amor e este belo grito de pedra, tudo era inútil. O mundo é belo e, fora dele, não há salva-ção. A grande verdade que pacientemente ele me ensinava é que o espírito não é nada, nem mesmo o coração. E que a pedra aquecida pelo sol, ou o cipreste que o céu descoberto fez crescer, limitam o único universo em que "ter razão" adquire um sentido: a natureza sem homens. E esse mundo me aniquila. Leva-me até o extremo fim. Nega-me sem cólera. Nessa tarde que descia sobre a campanha florentina, eu me encaminharia para uma sabedoria em que tudo já estava conquistado, se lágrimas não me tivessem vindo aos olhos e se o grande soluço de poesia que me abafava não me tivesse feito esquecer a verdade do mundo.

É nessa vacilação que cumpriria deter-se: singular instante em que a espiritualidade repudia a moral, em que a felicidade nasce da ausência de esperança, em que o espírito encontra sua razão no corpo. Se é certo que toda verdade traz em si sua amargura, é também verdade que toda negação contém uma floração de "sim". E esse canto de amor sem esperança que nasce da contemplação pode também representar a mais eficiente das regras de ação. Ao sair do túmulo, o Cristo da ressurreição de Piero della Francesca não tem um olhar de homem. Não há nada feliz pintado em seu semblante — mas apenas uma grandeza altiva e sem alma que não posso impedir-me de tomar por uma resolução de viver. Porque o sábio como o idiota exprime pouco. Extasia-me esse retorno.

Mas essa lição, devo-a à Itália ou a tirei de meu coração? Foi sem dúvida lá que ela se apresentou a mim. Mas é que a Itália, como outros lugares privilegiados, oferece-me o espetáculo de uma beleza em que os homens morrem assim mesmo. Ainda aí deve a verdade apodrecer e que pode haver de mais exaltante? Mesmo que a deseje, que posso fazer com uma verdade que não deve apodrecer? Não está na minha medida. E amá-la seria falsidade. Raramente se compreende que nunca é por desespero que um homem abandona o que constituía sua vida. As cabeçadas e os desesperos conduzem a outras vidas e assinalam unicamente um apego fremente às lições da terra. Mas pode acontecer que, em certo grau de lucidez, um homem sinta o coração fechado e, sem revolta nem reivindicação, volte as costas ao que considerava até então sua vida, quero dizer sua agitação. Se Rimbaud acaba na Abissínia sem ter escrito mais uma só linha, não é por gosto da aventura nem renúncia de escritor. É porque "é assim" e que, em dado impulso da consciência, acabamos admitindo o que nos esforçamos todos por não compreender, segundo a nossa vocação. Sentimos que se trata no caso de empreender a geografia de dado deserto. Mas esse deserto singular só é sensível aos que são capazes de nele viver sem jamais enganar a sua sede. É então, e só então, que ele se povoa das águas vivas da felicidade.

Ao alcance de minha mão, no jardim Boboli, pendiam enormes caquis dourados cuja polpa gretada deixava escorrer um xarope espesso. Dessa colina leve a esses frutos sumarentos, da fraternidade secreta que me outorgava ao mundo, à fome que me impelia para a carne alaranjada acima de minha mão, eu apreendia a vacilação que conduz certos homens da ascese ao gozo e do despojamento à profusão na volúpia. Eu admirava, admiro esse laço que, no mundo, une o homem, esse duplo reflexo em que meu coração pode intervir e ditar sua felicidade até um limite preciso onde o mundo pode então completá-la ou destruí-la. Florença! Um dos únicos lugares da Europa onde compreendi que no fundo de minha revolta dormia um consentimento. Em seu céu misturado de lágrimas e sol, eu aprendia a consentir à terra

e a me queimar na chama sombria de suas festas. Eu sentia...
mas que dizer? Que desmedida? Como consagrar o acordo
do amor com a revolta? A terra! Neste grande templo que os
deuses desertaram, todos os meus ídolos têm pés de barro.

O verão

Mas tu, tu nasceste para um dia límpido...

Hölderlin

Este ensaio* data de 1939. O leitor deverá se lembrar disso para julgar o que poderia ser Orã de hoje. Protestos apaixonados, vindos dessa bela cidade, asseguram-me com efeito que foi (ou será) dado remédio a todas as imperfeições. As belezas que este ensaio exalta, ao contrário, foram ciosamente protegidas. Cidade feliz e realista, Orã doravante não precisa mais de escritores: ela aguarda os turistas.

(1953)

---

* "O Minotauro ou A parada em Orã" (Nota da edição francesa.)

O Minotauro
ou
A parada em Orã

a Pierre Galindo

Não há mais desertos. Não há mais ilhas. Há, entretanto, necessidade de desertos e de ilhas. Para compreender o mundo, é preciso por vezes se afastar dele; para melhor servir os homens, mantê-los durante um momento a distância. Mas onde encontrar a solidão necessária à força, a longa respiração em que o espírito se concentra e a coragem se mede? Restam as grandes cidades. Só que cumpre terem ainda certas condições. As cidades que a Europa nos oferece são demasiado cheias dos rumores do passado. Um ouvido bem treinado pode perceber nelas um bater de asas, uma palpitação de almas. Nelas sentimos a vertigem dos séculos, das revoluções, da glória. Nelas nos lembramos de que o Ocidente se forjou nos clamores. Isso não faz silêncio suficiente.

Paris é amiúde um deserto para o coração, mas em certas horas, do alto do Père-Lachaise, sopra um vento de revolução que enche subitamente esse deserto de bandeiras e de grandezas vencidas. O mesmo se dirá de algumas cidades espanholas, de Florença ou de Praga. Salzburgo seria aprazível, sem Mozart. Mas, de quando em quando, desliza sobre o Salzach o grande grito orgulhoso de Dom Juan descendo aos infernos. Viena parece mais silenciosa, é uma jovem entre as cidades. Lá as pedras não têm mais de três séculos e a juventude delas desconhece a melancolia. Mas Viena se encontra numa encruzilhada da história. Ao redor dela retinem choques de impérios. Certas tardes em que o céu se cobre de sangue, os cavalos de pedra, nos monumentos do Ring, parecem alçar voo. Nesse instante fugidio, em que tudo fala de poder e de história, pode-se ouvir distintamente, sob a carga dos esquadrões poloneses, a queda retumbante do reino otomano. E isso não dá tampouco silêncio suficiente.

Sem dúvida é bem essa solidão povoada que se procura nas cidades da Europa. Procuram-na, pelo menos, os homens que sabem o que querem fazer. Podem escolher nelas sua companhia, retê-la ou largá-la. Quantos espíritos se temperaram assim nessa viagem entre seu quarto de hotel e as velhas pedras da ilha Saint-Louis! É verdade que nelas outros pereceram de isolamento. Os primeiros, em todo caso, aí encontravam suas razões de crer e de se afirmar. Estavam sós e não estavam. Séculos de história e de beleza, o testemunho ardente de mil vidas vividas e passadas os acompanhavam ao longo do Sena e lhes falavam de tradições e de conquistas concomitantemente. Mas sua juventude nos impelia a solicitar essa companhia. Chega um tempo, épocas, em que ela é importuna. "Nós dois agora!", exclama Rastignac, diante do imenso bolor da cidade parisiense. Dois, sim, mas ainda é demais!

O deserto, ele próprio, adquiriu um sentido, sobrecarrega-ram-no de poesia. Para todas as dores do mundo, é um lugar consagrado. O que o coração pede em certos momentos são, ao contrário, lugares sem poesia. Descartes, para meditar, escolhe seu deserto: a cidade mais comerciante de sua época. Aí encontra sua solidão e a oportunidade do maior, talvez, dos poemas viris: "O primeiro (preceito) era não aceitar nunca coisa alguma como verdadeira a menos que eu a considerasse evidentemente como tal." Pode-se ter menos ambição e a mesma nostalgia. Mas Amsterdã, nos três últimos séculos, encheu-se de museus. Para fugir da poesia e encontrar a paz das pedras, há que buscar outros desertos, sem alma e sem recurso. Orã é um deles.

A rua

Ouvi muitas vezes oraneses se queixarem de sua cidade: "Não tem um ambiente interessante." Ora! Vocês não o desejariam! Alguns bons espíritos tentaram aclimatar nesse deserto os costumes de outro mundo, fiéis ao princípio de que não é possível bem servir a arte ou as ideias sem se pôr em grupo.* O resultado é que os únicos meios instrutivos ficam sendo os dos jogadores de pôquer, dos amantes do boxe, dos bochamaníacos e das associações regionais. Aí, pelo menos, o natural reina. Afinal de contas, existe certa grandeza que não se presta à elevação. Ela é infecunda pela

---

* Encontra-se em Orã o Klestakoff de Gogol. Ele boceja e diz depois: "Sinto que vai ser preciso ocupar-se de algo elevado."

sua própria condição. E os que querem encontrá-la deixam os "ambientes" para descer à rua.

As ruas de Orã são votadas à poeira, às pedras e ao calor. Se chove, é um dilúvio e um mar de lama. Mas, com chuva ou com sol, as lojas têm o mesmo aspecto extravagante e absurdo. Todo o mau gosto da Europa e do Oriente nelas marcou encontro. Deparam-se nelas, de cambulhada com cães de mármore, dançarinas com cisnes, Dianas caçadoras de galalite verde, lançadores de disco e ceifadores, tudo o que serve para presentes de aniversário ou de casamento, toda a pacotilha aflitiva que um gênio comercial e galhofeiro não cessa de jogar em cima de nossas lareiras. Mas essa aplicação no mau gosto adquire em Orã um aspecto barroco que nos faz perdoar tudo. Eis, oferecido num escrínio de poeira, o conteúdo de uma vitrina: horríveis modelos de gesso, de pés deformados, um lote de desenhos de Rembrandt "saldados a 150 francos cada", objetos para pregar peças, porta-notas tricolores, um pastel do século XVIII, um burrinho mecânico de feltro, garrafas de água da Provence para conservar verdes as olivas e uma ignóbil virgem de madeira, com um sorriso indecente. (Para que ninguém o ignore, a "direção" colocou a seus pés um cartaz: "Virgem de madeira".)

Em Orã é possível encontrar:

1. Cafés com o balcão luzidio de cascão, salpicado de patas e asas de moscas, e o dono sempre sorridente, apesar da sala sempre deserta. O "cafezinho" aí custava doze soldos, e o café grande, dezoito.

2. Lojas de fotógrafos onde a técnica não progrediu desde a invenção do papel sensível. Expõem uma fauna singular,

impossível de encontrar nas ruas, desde o pseudomarinheiro que apoia o cotovelo num consolo, até a jovem casadoira, cintura pregueada, braços caídos, diante de um fundo silvestre. Pode-se supor que não se trata de retratos ao natural: são criações.

3. Uma edificante abundância de casas funerárias. Não porque em Orã morram mais que alhures, mas imagino apenas que fazem mais trololós.

A simpática ingenuidade desse povo comerciante se exibe até na publicidade. No prospecto de um cinema de Orã, leio o anúncio de uma fita de terceira categoria. Anoto os adjetivos "faustoso", "esplêndido", "extraordinário", "prestigioso", "assombroso" e "formidável". Para terminar, a direção informa o público dos sacrifícios consideráveis que se impõe, a fim de poder lhe apresentar a espantosa "realização". Contudo, o preço dos lugares não será aumentado.

Seria um erro acreditar que se exercita aqui unicamente o gosto do exagero peculiar à gente da região do Midi. Em verdade, os autores desse maravilhoso prospecto dão provas de senso psicológico. Trata-se de vencer a indiferença e a apatia profunda que se sente nesta terra quando se trata de escolher entre dois espetáculos, dois ofícios e, muitas vezes até, entre duas mulheres. Só se decidem forçados. E a publicidade o sabe muito bem. Ela adquirirá proporções americanas, tendo, aqui como lá, as mesmas razões de se exasperar.

As ruas de Orã nos informam finalmente acerca dos dois prazeres essenciais da juventude local: mandar engraxar os sapatos e passear esses mesmos sapatos pelo bulevar. Para ter uma ideia exata da primeira dessas volúpias, cumpre confiar os sapatos a um dos engraxates do bulevar Gallieni, às dez horas da manhã, num domingo. Empoleirado numa poltrona alta, pode-se gozar então dessa satisfação particular que dá, mesmo a um profano, o espetáculo de homens apaixonados pelo seu ofício, como o são visivelmente os engraxates oraneses. Tudo é trabalhado minuciosamente. Várias escovas, três variedades de trapos, a graxa combinada com o querosene: pode-se pensar que a operação está terminada diante do brilho perfeito que surge sob a escova mole. Mas a mesma mão encarniçada volta a passar graxa na superfície brilhante, esfrega-a, embaça-a, leva o creme até o fundo dos sulcos e faz então jorrar, de sob a mesma escova, um brilho duplo e realmente definitivo saído das profundezas do couro. As maravilhas assim obtidas são em seguida exibidas aos conhecedores. Para apreciar esses prazeres hauridos do bulevar, convém assistir aos bailes de máscaras da juventude, que se realizam todas as noites nas grandes artérias da cidade. Com efeito, entre dezesseis e vinte anos, os jovens oraneses da "sociedade" tomam seus modelos de elegância do cinema americano e se fantasiam antes do jantar. Cabeleira ondulada e com gel, transbordando de um chapéu de feltro inclinado sobre a orelha esquerda e quebrado em cima do olho direito, o pescoço apertado num colarinho suficientemente folgado para suster a cabeleira, o nó da gravata microscópico preso por um alfinete rigoroso, o paletó batendo no meio da coxa e a cintura bem nas ancas, calças claras e curtas, sapatos resplandecentes de três solas, essa juventude, todas as noites, faz ecoarem pelas calçadas seu imperturbável aprumo e a ponta ferrada dos sapatos. Ela se esforça por imitar em tudo o andar, a desenvoltura e a superioridade de Clark Gable. Em vista do que, os espíritos críticos da cidade dão a esses jovens, graças a uma pronúncia negligente, o apelido de "Clarque".

Em todos os casos, os grandes bulevares de Orã são invadidos, no fim da tarde, por um exército de simpáticos adolescentes que se esforçam ao máximo por parecerem malandros. Como se sentem prometidas desde sempre a esses gângsteres de coração terno, as jovens oranesas exibem igualmente a maquiagem e a elegância das grandes atrizes americanas. Em consequência do que os mesmos espíritos zombeteiros as apelidam de "Marlene". Assim, à tarde, nos bulevares, quando um ruído de pássaros sobe das palmeiras para o céu, dezenas de Clarques e Marlenes se encontram, medem-se e se avaliam, felizes por viverem e se exibirem, entregues por uma hora à vertigem das existências perfeitas. Assiste-se então, dizem os invejosos, às reuniões da "comissão americana". Mas a gente sente nessas palavras a amargura dos de mais de trinta anos que não mais podem participar do jogo. Menosprezam esses congressos cotidianos da juventude e do romanesco. São, em verdade, os parlamentos de pássaros que encontramos na literatura hindu. Mas, nos bulevares de Orã, não se debate o problema do ser, nem ninguém se inquieta com o caminho da perfeição. Restam apenas batidas de asas, rodas empenachadas, graças faceiras e vitoriosas, toda a zoada de um canto displicente que se extingue com a noite.

Ouço daqui Klestakoff: "Será preciso se ocupar de algo elevado." Ai de nós, ele é bem capaz disso! Se o incitarem, será capaz de povoar este deserto em poucos anos. Mas, por enquanto, uma alma algo secreta precisa se libertar nesta cidade fácil, com seu desfile de moças maquiadas e, no entanto, incapazes de simular a emoção, afetando tão mal a faceirice que o artifício é de imediato desmascarado. Ocupar-se de algo elevado! Mas veja-se: Santa Cruz esculpida na rocha, as montanhas, o mar manso, o vento violento e o sol, os grandes guindastes do porto, os trens, os galpões, os cais e as rampas gigantescas que escalam o rochedo da cidade, e, na própria cidade, esses jogos e esse tédio, esse tumulto e essa solidão. Talvez, efetivamente, tudo isso não seja bastante elevado. Mas o grande valor destas ilhas superpovoadas é que nelas o coração se despe. O silêncio não é mais possível senão nas cidades barulhentas. De Amsterdã, Descartes escrevia ao velho Balzac:* "Vou passear todos os dias em meio à confusão de um grande povo, com tanta liberdade e tranquilidade quanta poderíeis ter em vossas alamedas."**

O deserto em Orã

Obrigados a viver diante de uma paisagem admirável, os oraneses triunfaram da temível prova, cobrindo-se de construções bem feias. Espera-se uma cidade aberta para o mar, lavada, refrescada pela brisa das tardes e, com exceção do bairro espanhol,*** encontra-se uma cidade que dá as costas para o mar, que se construiu girando sobre si mesma à maneira de um caracol. Orã é um grande muro circular e amarelo, coberto por um céu duro. A princípio a gente erra pelo labirinto, procura o mar como o sinal de Ariadne.

---

* Guez de Balzac (1597-1654). (*N. do T.*)
** Sem dúvida lembrando essas edificantes palavras, uma associação oranesa de conferências e de debates se organizou com o nome de *Cogito-Club*.
*** E o novo bulevar Front-de-Mer.

Mas gira sem parar por entre ruas selvagens e opressivas e, finalmente, o Minotauro devora os oraneses: é o tédio. Há muito os oraneses não deambulam mais. Concordaram em ser comidos.

Não se pode saber o que é a pedra sem ter estado em Orã. Nessa cidade empoeirada como nenhuma outra, o pedregulho é rei. Gostam tanto dele que os comerciantes o expõem em suas vitrinas para prender papéis, ou ainda simplesmente para mostrá-lo. Amontoam-no ao longo das ruas, sem dúvida para o prazer dos olhos, porquanto, um ano depois, os montes continuam no mesmo lugar. O que, alhures, tira sua poesia do vegetal, adquire aqui uma fisionomia de pedra. A centena de árvores que se pode encontrar na cidade comerciante foi coberta cuidadosamente de poeira. São vegetais petrificados que desprendem de seus galhos um odor áspero de poeira. Em Argel, os cemitérios árabes têm a doçura que conhecemos. Em Orã, acima da ravina Ras el Ain, com frente para o mar desta feita, têm-se, colados ao céu azul, campos de cascalho gredoso e friável onde o sol acende ofuscantes incêndios. No meio dessas ossadas da terra, um gerânio púrpura, de quando em quando, dá sua vida e seu sangue fresco à paisagem. A cidade inteira se imobilizou numa ganga pedregosa. Vista dos Planteurs, a espessura das falésias que a encerram é de tal ordem que a paisagem se torna irreal à força de ser mineral. O homem é proscrito dela. Tanta beleza pesada parece vir de outro mundo.

Se se pode definir o deserto como um lugar sem alma em que o céu é o único rei, então Orã aguarda seus profetas. Ao redor e acima da cidade, a natureza brutal da África se enfeita, na verdade, de seus ardentes prestígios. Ela rebenta o cenário infeliz com que a cobrem, dá seus gritos violentos entre cada casa e por cima de todos os telhados. Se a gente sobe por uma das estradas, no flanco da montanha de Santa Cruz, o que aparece em primeiro lugar são os cubos dispersos e coloridos de Orã. Mas, um pouco mais alto, já as penedias em farrapos que cercam o platô se acocoram no mar como bichos vermelhos. Um pouco mais alto ainda, grandes turbilhões de sol e vento recobrem, arejam e confundem a cidade desalinhada, dispersa sem ordem entre os quatro cantos de uma paisagem de rochedos. O que aqui se opõe é a magnífica anarquia humana à permanência de um mar sempre igual. Isso basta para que se eleve, em direção à estrada, no flanco do outeiro, um transtornante odor de vida.

O deserto tem algo de implacável. O céu mineral de Orã, suas ruas e suas árvores em seu invólucro de poeira, tudo contribui para criar esse universo espesso e impassível onde o coração e o espírito nunca se distraem de si mesmos, nem de seu único objeto que é o homem. Falo aqui de retiros difíceis. Escrevem-se livros sobre Florença ou Atenas. Essas cidades formaram tantos espíritos europeus que é preciso realmente que tenham um sentido. Elas conservam algo com que enternecer ou exaltar. Elas aplacam certa fome da alma cujo alimento é a lembrança. Mas como se enternecer por uma cidade onde nada solicita o espírito, onde a própria feiura é anônima, onde o passado se reduz a nada? O vazio, o tédio, um céu indiferente, quais são as seduções destes lugares? Sem dúvida é a solidão e, talvez, a criatura. Para certa raça de homens, a criatura, onde quer que seja bela, é uma pátria amarga. Orã é uma de suas mil capitais.

Os jogos

O Central Sporting Club, rua do Fondouk, em Orã, dá uma noitada pugilística que, segundo afirma, será apreciada pelos verdadeiros amantes do boxe. Em estilo claro, isto significa que os pugilistas apregoados estão longe de ser vedetes, que alguns sobem ao ringue pela primeira vez e que, consequentemente, pode-se contar, senão com a ciência, pelo menos com a garra dos adversários. Tendo um oranês me eletrizado com a promessa formal de que "correria sangue", encontro-me nessa noite entre os verdadeiros amantes.

Aparentemente, estes nunca reclamam qualquer conforto. Com efeito, um ringue foi erguido no fundo de uma espécie de garagem rebocada, coberta de folha de zinco ondulada e violentamente iluminada. Cadeiras de armar foram enfileiradas em quadrado ao redor das cordas. São as cadeiras de ringue. Colocaram alguns bancos atrás e, no fundo da sala, abre-se um espaço livre chamado galeria de passeio, em razão do fato de que nenhuma só das quinhentas pessoas que aí se encontram poderia tirar o lenço do bolso sem provocar graves acidentes. Nessa caixa retangular respiram um milhar de homens e duas ou três mulheres — dessas que, segundo meu vizinho, fazem questão de "ser notadas". Todo mundo sua ferozmente. Enquanto se esperam as lutas das "promessas", um gigantesco alto-falante mastiga Tino Rossi. É a canção antes do assassinato.

A paciência de um verdadeiro amante não tem limites. A reunião anunciada para as vinte e uma horas ainda não começou às vinte e uma e trinta e ninguém protestou. A primavera é quente, o odor de humanidade em mangas de camisa exaltante. Discute-se com convicção em meio aos ruídos periódicos das rolhas das limonadas e ao incansável lamento do cantor corso. Alguns recém-chegados vão sendo engastados no público, quando um projetor faz chover uma luz deslumbrante sobre o ringue. As lutas das promessas começam.

As promessas, ou principiantes, que lutam por prazer, fazem sempre questão de prová-lo massacrando-se de imediato, com o desprezo por qualquer técnica. Nunca puderam ficar mais de três assaltos. O herói da noite a esse respeito é o jovem "Kid Avion", que, comumente, vende bilhetes de loteria nos terraços dos cafés. Com efeito, seu adversário capotou desastradamente fora do ringue no início do segundo assalto, sob os golpes de um punho manejado como uma hélice.

A multidão se animou um pouco, mas é ainda uma cortesia. Ela respira com gravidade o odor sagrado da embrocação. Ela contempla essas sucessões de ritos lentos e de sacrifícios desordenados, tornados mais autênticos ainda pelos desenhos propiciatórios das sombras dos lutadores, na brancura das paredes. São os prólogos cerimoniosos de uma religião selvagem e calculada. O transe só virá mais tarde.

E, precisamente, o alto-falante anuncia Amar, "o coriáceo oranês que não se rendeu" contra Pérez, "o esmurrador argelino". Um profano interpretaria mal os urros que acolhem a apresentação dos pugilistas no tablado. Imaginaria uma luta sensacional em que os boxeadores devessem liquidar uma diferença pessoal, conhecida do público. Em verdade, é mesmo uma diferença que vão resolver. Mas trata-se daquela que, há cem anos, divide mortalmente Argel e Orã. Com um pouco de recuo nos séculos, essas duas cidades do norte da África já se teriam trucidado, como o fizeram Florença e Pisa em épocas mais felizes. Sua rivalidade é tanto mais forte quanto por certo não tem nenhum sentido. Com todas as razões para se amarem, elas se detestam na mesma proporção. Os oraneses acusam os argelinos de "pretensiosos". Os argelinos dão a entender que os oraneses não sabem as regras da boa sociedade. São injúrias mais sangrentas do que podem parecer, porque são metafísicas. E, na impossibilidade de se assediarem, Orã e Argel vão se encontrar, lutar e se injuriar no terreno do esporte, das estatísticas e das grandes obras públicas.

É portanto uma página de história que se desenrola no ringue. E o coriáceo oranês, sustentado por um milhar de torcedores ululantes, defende contra Pérez uma maneira de viver e o orgulho de uma província. A verdade nos obriga a dizer que Amar dirige mal a discussão. Sua defesa tem um vício formal: ele carece de envergadura. O pugilista argelino, ao contrário, tem a envergadura desejável. Atinge persuasivamente a arcada superciliar de seu opositor. O oranês se defende magnificamente, em meio às vociferações de um público desenfreado. Apesar dos encorajamentos repetidos da galeria e de meu vizinho, apesar dos intrépidos "Acabe com ele", "Dê uma coça nele", dos insidiosos "Golpe baixo", "O juiz não vê nada", e dos otimistas "Está entregando as contas", "Está nas últimas", o argelino é proclamado vencedor por pontos debaixo de intermináveis vaias. Meu vizinho, que fala de bom grado de espírito esportivo, aplaude ostensivamente, enquanto me diz em voz abafada por tantos gritos: "Assim, ele não poderá dizer lá que os oraneses são uns selvagens."

Mas, na sala, lutas que o programa não comportava, já se desencadearam. Cadeiras são brandidas, a polícia abre caminho, a exaltação chega ao auge. A fim de acalmar esses bons espíritos e contribuir para a volta ao silêncio, a "direção", sem perder um instante, encarrega o alto-falante de vociferar a marcha *Sambre-et-Meuse*. Durante alguns minutos, a sala ganha majestade. Punhados confusos de lutadores e de árbitros benévolos oscilam sob o punho dos guardas, a galeria exulta e pede a continuação com gritos selvagens, cocoricós ou miados zombeteiros afogados no caudal irresistível da música militar.

Basta porém o anúncio da grande luta para que a calma volte a reinar. Isso acontece bruscamente, sem floreios, assim como os atores deixam o palco uma vez terminada a peça. Com a maior naturalidade os chapéus são limpos, as cadeiras, arrumadas em seus lugares, e todos os rostos exibem sem transição a expressão benevolente do espectador honesto que pagou sua entrada para assistir a um concerto familiar.

A última luta coloca frente a frente um campeão francês da Marinha e um pugilista oranês. Desta feita, a diferença de envergadura é favorável ao último. Mas suas vantagens, durante os primeiros assaltos, não comovem a multidão. Esta choca sua excitação, recompõe-se. Seu fôlego ainda está curto, e, se aplaude, é sem paixão. Se assobia, é sem animosidade. A sala se divide em dois campos, como de boa praxe. Mas a escolha de cada qual obedece a essa indiferença que se segue às grandes fadigas. Se o francês aguenta, se o oranês esquece que não se ataca com a cabeça, o pugilista é maltratado por uma chocalhada de assobios, mas logo reincentivado por aplausos. É preciso chegar ao sétimo assalto para que o esporte volte à tona, no momento mesmo em que os verdadeiros amantes começam a emergir de seu cansaço. O francês, em verdade, foi à lona e, desejando reconquistar pontos, precipitou-se contra o adversário. "Pronto", diz meu vizinho, "vamos ter uma tourada." Com efeito, temos a tourada. Cobertos de suor sob a luz implacável, os dois pugilistas abrem a guarda, golpeiam fechando os olhos, empurram-se com os ombros e os joelhos, trocam sangue e fungam com furor. Concomitantemente, a sala se levanta e escande os esforços dos dois lutadores. Ela recebe os golpes e os devolve, fá-los vibrar em mil vozes surdas e resfolegantes. Aqueles mesmos que escolheram seu favorito com indiferença, sustentam a escolha com obstinação e por ela se apaixonam. A cada dez segundos, um grito de meu vizinho entra em meu ouvido da direita: "Vamos, gola azul, dá duro, marinha", enquanto outro espectador berra para o oranês: "Anda, *hombre!*" O homem e o gola azul se encarniçam e com eles, nesse templo de cal, folha de zinco e cimento, uma sala inteira, entregue a deuses de cabeça baixa. Cada golpe que ecoa surdamente nos peitorais luzidios ecoa em vibrações enormes no próprio corpo da multidão, que, com os pugilistas, faz seu último esforço.

Nessa atmosfera, o empate é mal acolhido. Ele contraria, com efeito, no público, uma sensibilidade inteiramente maniqueísta. Há o bem e o mal, o vencedor e o vencido. Cumpre ter-se razão se não se está errado... A conclusão dessa lógica impecável é de imediato fornecida por dois mil pulmões enérgicos que acusam os juízes de serem vendidos ou comprados. Mas o gola azul foi abraçar seu adversário no ringue e bebe-lhe o suor fraterno. Isso basta para que a sala, imediatamente transtornada, arrebente em aplausos. Meu vizinho tem razão: não são selvagens.

A multidão que se escoa para fora, sob um céu cheio de silêncio e de estrelas, acaba de travar o mais extenuante dos combates. Ela se cala, desaparece furtivamente, sem forças para a exegese. Há o bem e o mal, esta religião não conhece perdão. A coorte dos fiéis não é mais que uma assembleia de sombras pretas e brancas que desaparece dentro da noite. É que a força e a violência são deuses solitários. Nada dão à lembrança. Distribuem, ao invés, seus milagres a mancheias no presente. Estão na medida desse povo sem passado que celebra sua comunhão ao redor dos ringues. São ritos um pouco difíceis, mas que simplificam tudo. O bem e o mal, o vencedor e o vencido: em Corinto, dois templos eram vizinhos, o da Violência e o da Necessidade.

Os monumentos

Por muitas razões tanto de ordem econômica como metafísica, pode-se dizer que o estilo oranês, se é que existe, ilustrou-se com força e clareza no edifício singular a que chamaram Casa do Colono. Orã não carece de monumentos. A cidade tem seu rol de marechais do Império, ministros e benfeitores locais. Encontramo-los em pequenas praças empoeiradas, resignados à chuva e ao sol, convertidos, eles também, à pedra e ao tédio. Mas representam contudo contribuições exteriores. Nessa feliz barbárie, são as marcas lamentáveis da civilização.

Mas Orã ergueu para si mesma seus altares e seus rostos. Em pleno coração da cidade comerciante, tendo necessidade de construir uma casa comum para os inumeráveis organismos agrícolas que fazem o país viver, os oraneses imaginaram levantar, na areia e na cal, uma imagem convincente de suas virtudes: a Casa do Colono. A julgar pelo edifício, tais virtudes são em número de três: a ousadia no gosto, o amor à violência e o senso das sínteses históricas. O Egito, Bizâncio e Munique colaboraram na delicada construção de um bolo figurando uma enorme taça virada. Pedras multicores, de mais vigoroso efeito, vieram enquadrar o telhado. A vivacidade desses mosaicos é tão persuasiva que a princípio só se vê um esplendor informe. De mais perto, porém, e com atenção, vê-se que elas têm um sentido: um colono gracioso, de gravata-borboleta e capacete de cortiça branca, recebe a homenagem de um cortejo de escravos vestidos à moda antiga.[*] O edifício e suas iluminuras foram enfim colocados no centro de um cruzamento, em meio ao vaivém dos pequenos bondes cuja sujeira é um dos encantos da cidade.

Por outro lado, Orã aprecia particularmente os dois leões de sua praça de Armas. Desde 1888, eles tronam de cada lado da escadaria municipal. Seu autor se chamava Cain. Eles têm majestade e torso curto. Contam que, à noite, descem um após outro de seu pedestal, dão silenciosamente a volta pela praça escura e, ocasionalmente, urinam longamente sob as grandes figueiras empoeiradas. São, é claro, histórias a que os oraneses dão ouvidos complacentes. Mas isso é inverossímil...

Apesar de algumas pesquisas, não pude apaixonar-me por Cain. Fiquei sabendo apenas que tinha a reputação de um animalista hábil. Contudo, penso amiúde nele. É uma

---

[*] Mais uma qualidade da raça argelina é, como se vê, a franqueza.

tendência do espírito que nos vem de Orã. Eis um artista de nome sonoro que aqui deixou uma obra sem importância. Várias centenas de milhares de homens estão familiarizados com as feras bonachonas que ele postou em frente a uma prefeitura pretensiosa. É uma maneira como outra qualquer de obter êxito em arte. Sem dúvida, esses dois leões, como milhares de obras do mesmo gênero, comprovam tudo menos talento. Houve quem fizesse *A ronda da noite*, *Estigmatização de são Francisco*, *Davi* ou *A exaltação da flor*. Cain por seu turno erigiu dois focinhos hílares na praça de uma província comerciante, além-mar. Mas o Davi vai esboroar-se um dia com Florença e os leões talvez se salvem do desastre. Mais uma vez, testemunham outra coisa.

Pode-se precisar esta ideia? Há, nessa obra, insignificância e solidez. O espírito não contribui com nada, no caso, e a matéria com muito. A mediocridade quer durar por todos os meios, inclusive o bronze. Recusam-lhe seus direitos à eternidade e ela os toma todos os dias. Não será ela a eternidade? Em todo caso, essa perseverança tem com que comover, e traz uma lição, a de todos os monumentos de Orã e a da própria Orã. Uma hora por dia, de quando em vez, ela nos força a prestar atenção ao que não tem importância. O espírito encontra proveito nesses retornos. Trata-se um pouco de sua higiene e, como precisa absolutamente de seus momentos de humildade, parece-me que essa ocasião de se estupidificar é melhor que outras. Tudo o que é perecível deseja durar. Digamos portanto que tudo quer durar. As obras humanas não significam outra coisa e, a esse respeito, os leões de Cain têm as mesmas possibilidades que as ruínas de Angcor. Isso inclina à modéstia.

Há outros monumentos oraneses. Ou, pelo menos, cumpre dar-lhes este nome porque também testemunham por sua cidade e, talvez, de maneira mais significativa. São as grandes obras que cobrem atualmente a costa por uma dezena de quilômetros. Em princípio, trata-se de transformar a mais luminosa das enseadas num porto gigantesco. Na realidade, é mais uma oportunidade para o homem se confrontar com a pedra.

Nos quadros de certos mestres flamengos, vê-se voltar com insistência um tema de amplitude admirável: a construção da Torre de Babel. São paisagens desmedidas, rochedos que escalam o céu, penedias em que formigam operários, bichos, escadas, máquinas estranhas, cordas, tirantes. O homem, de resto, aí está tão somente para se ter a medida da grandeza inumana do canteiro da obra. É nisso que se pensa na cornija oranesa, a oeste da cidade.

Pendurados a imensos declives, trilhos, vagonetes, guindastes, trens minúsculos... Sob um sol devorador, locomotivas semelhantes a brinquedos contornam enormes blocos em meio aos silvos, à poeira e à fumaça. Dia e noite, um povo de formigas se agita sobre a carcaça fumegante da montanha. Amarrados ao longo de uma mesma corda contra o flanco da penedia, dezenas de homens, ventre apoiado aos cabos de britadores automáticos, trepidam no vácuo dias inteiros, e destacam blocos inteiros de rochedos, os quais desmoronam na poeira, entre trovões. Adiante, vagonetes viram em cima dos declives, e os rochedos, jogados bruscamente ao mar, projetam-se e rolam na água, cada um dos grandes blocos seguido por uma nuvem de pedras mais leves. A intervalos regulares, no fundo da noite, ou em pleno dia, explosões sacodem toda a montanha e revolvem o próprio mar.

O homem, nesse canteiro, ataca a pedra de frente. E se se pudesse esquecer, por um instante ao menos, a dura escravidão que torna possível esse trabalho, cumpriria admirá-lo. Essas pedras, arrancadas da montanha, servem o homem em seus desígnios. Acumulam-se sob as primeiras ondas, emergem pouco a pouco e se ordenam finalmente num molhe, logo coberto de homens e de máquinas que avançam, dia após dia, para o largo. Sem desânimo, enormes maxilares de aço cavam o ventre do penhasco, giram sobre si mesmos e vão vomitar na água seu excesso de cascalho. À medida que o topo da cornija se abaixa, a costa inteira ganha terreno, irresistivelmente, sobre o mar.

Destruir a pedra não é, por certo, possível. Mudam-na de lugar tão somente. Como quer que seja, durará mais do que os homens que dela se servem. Por enquanto, apoia-lhes a vontade de ação. Mesmo isso é, sem dúvida, inútil. Mas mudar as coisas de lugar é a tarefa dos homens: é preciso escolher entre fazer isso ou nada.[*] Visivelmente, os oraneses escolheram. Diante dessa enseada indiferente, durante anos ainda, eles amontoarão pedras ao longo da costa. Daqui a cem anos, isto é, amanhã, será preciso recomeçar. Mas hoje esses montes de rochedos testemunham em prol dos homens de máscara de poeira e de suor que circulam entre eles. Os verdadeiros monumentos de Orã são mesmo as pedras.

---

[*] Este ensaio trata de certa tentação. É preciso tê-la conhecido. Pode-se agir depois, ou não agir, mas com conhecimento de causa.

A pedra de Ariadne

Parece que os oraneses são como aquele amigo de Flaubert que, no momento de morrer, deitando um último olhar sobre esta terra insubstituível, exclamava: "Fechem a janela, é lindo demais." Eles fecharam a janela, muraram-se, exorcizaram a paisagem. Mas o homem do Poitou morreu e, depois dele, os dias continuaram a se seguir aos dias. Assim também, para além dos muros amarelos de Orã, o mar e a terra prosseguem em seu diálogo indiferente. Essa permanência no mundo sempre teve para o homem prestígios opostos. Ela o desespera e o exalta. O mundo nunca disse senão uma mesma coisa, ele interessa e depois cansa. Mas, ao fim, ganha, à força de obstinação. Tem sempre razão.

Já, às portas mesmas de Orã, a natureza eleva o tom. Do lado de Canastel, há os imensos terrenos incultos, cobertos de capoeiras odoríferas. O sol e o vento só falam aí de solidão. Acima de Orã, tem-se a montanha de Santa Cruz, o platô e as mil ravinas que conduzem a ele. Estradas, outrora carroçáveis, grudam-se ao flanco das colinas que dominam o mar. No mês de janeiro, algumas se cobrem de flores. Margaridas e botões de ouro fazem delas alamedas faustosas, bordadas de amarelo e branco. De Santa Cruz, tudo foi dito. Mas, se tivesse de falar dela, esqueceria os cortejos sagrados que escalam a dura colina, nas grandes festas, para evocar outras peregrinações. Solitárias, caminham em meio à pedra vermelha, erguem-se acima da enseada imóvel, e vão consagrar à aridez uma hora luminosa e perfeita.

Orã tem também seus desertos de areia: suas praias. As que se encontram perto das portas são solitárias somente no inverno e na primavera. São então planuras cobertas de asfódelos, povoadas de pequenas vilas desnudas entre flores. O mar ruge um pouco embaixo. Entretanto, o sol, o vento leve, a brancura dos asfódelos, o azul inclemente do céu, já tudo nos permite imaginar o verão, a juventude ociosa cobrindo então as praias, as longas horas na areia e a doçura súbita da tarde. Todos os anos, nestas costas, há um novo messidor de jovens em flor. Aparentemente, elas só têm uma estação. No ano seguinte, outras corolas ardentes as substituem, as que, no verão precedente, eram ainda menininhas de corpos duros como brotos. Às onze horas da manhã, descendo do planalto, toda essa jovem carne, apenas vestida de tecidos sarapintados, vem quebrar-se na areia como uma onda multicor.

É preciso ir mais longe (singularmente perto, entretanto, desse lugar onde duzentos mil homens andam de um lado para o outro) para descobrir uma paisagem ainda virgem: longas dunas desertas onde a passagem dos homens não deixou outro vestígio senão uma cabana carunchosa. De quando em quando, um pastor árabe faz que avancem pelo topo das dunas as manchas pretas e castanho-claro de suas cabras. Nessas praias da Orânia, todas as manhãs de verão se afiguram as primeiras do mundo. Todos os crepúsculos parecem ser os últimos, solenes agonias anunciadas ao pôr do sol por uma última luz que escurece todos os matizes. O mar é ultramarino, a estrada cor de sangue coagulado, a praia amarela. Tudo desaparece com o sol verde; uma hora depois, as dunas se banham de luar. São então noites desmedidas sob uma chuva de estrelas. Borrascas a atravessam por vezes, e os relâmpagos escorrem ao longo das dunas, empalidecem o céu, põem na areia e nos olhos luzes alaranjadas.

Mas isso não se pode partilhar. É preciso tê-lo vivido. Tanta solidão e tanta grandeza dão a esse lugar uma fisionomia inesquecível. Na manhãzinha morna, depois das primeiras ondas ainda escuras e amargas, é um ser novo que fende a água, tão pesada, da noite. A lembrança dessas alegrias não me faz lamentar-lhes a ausência e assim reconheço que eram boas. Duram ainda, depois de tantos anos, neste coração de fidelidades difíceis, entretanto. E sei que hoje, na duna deserta, se quiser revê-la, o mesmo céu verterá ainda sua carga de brisas e de estrelas. Têm-se aqui as terras da inocência.

Mas a inocência precisa de areia e pedras. E o homem desaprendeu a viver nelas. Cumpre acreditá-lo, pelo menos, porquanto se entrincheirou nessa cidade singular onde dorme o tédio. Entretanto, é essa confrontação que faz o valor de Orã. Capital do tédio, sitiada pela inocência e pela beleza, o exército que a cerca tem tantos soldados quantas são as pedras. Porém na cidade, a certas horas, que tentação de passar para o inimigo! Que tentação de se identificar com essas pedras, de se confundir com esse universo ardente e impassível que desafia a história e suas agitações! Em vão, sem dúvida. Mas, em cada homem, há um instinto profundo que não é nem o da destruição nem o da criação. Trata-se unicamente de não se assemelhar a nada. À sombra dos muros quentes de Orã, sobre seu asfalto coberto de poeira, ouve-se por vezes esse convite. Parece que, por algum tempo, os espíritos que o aceitam nunca devam ser frustrados. São as trevas de Eurídice e o sono de Ísis. Eis os desertos onde o pensamento vai recuperar-se, tendo a mão fresca da tarde sobre um coração agitado. Nesse monte das Oliveiras, a vigília é inútil: o espírito alcança e aprova os apóstolos adormecidos. Tinham realmente culpa? Tiveram assim mesmo sua revelação.

Pensemos em Sáquia-Múni no deserto. Aí ficou ele durante longos anos, acocorado, imóvel, de olhos no céu. Os próprios deuses lhe enviavam essa sabedoria e esse destino de pedra. Em suas mãos estendidas e retesadas, as andorinhas tinham feito seus ninhos. Mas, um dia, elas alçaram voo ao apelo de terras longínquas. E aquele que havia matado em si desejo e vontade, glória e dor, pôs-se a chorar. Acontece assim que flores cresçam sobre o rochedo. Sim, concordemos com a pedra quando preciso. O segredo e o transporte que pedimos aos semblantes, ela também pode dar-nos. Por certo, isso não poderia durar. Mas que é que pode durar? O segredo dos semblantes se esvai e eis-nos lançados novamente na cadeia dos desejos. E se a pedra não pode mais por nós que o coração humano, ela pode, pelo menos, o mesmo.

"Não ser nada!" Durante milênios, este grande grito sublevou milhares de homens em revolta contra o desejo e a dor. Seus ecos vieram até aqui morrer, através dos séculos e dos oceanos, sobre o mais velho mar do mundo. Reboam ainda surdamente nas penedias compactas de Orã. Todo mundo neste país segue este conselho, sem o saber. Quase em vão, bem entendido. Não se atinge o nada como não se atinge o absoluto. Mas desde que recebemos, como outras tantas graças, os sinais eternos que nos trazem as rosas ou o sofrimento humano, não rejeitemos tampouco os raros convites ao sono que nos oferece a terra. Uns e outros têm a mesma verdade.

Eis, talvez, o fio de Ariadne desta cidade sonâmbula e frenética. Aprendemos nela as virtudes, todas provisórias, de certo tédio. Para ser poupado, cumpre dizer "sim" ao

Minotauro. É uma velha e fecunda sabedoria. Acima do mar, silencioso ao pé das falésias vermelhas, basta se manter em equilíbrio certo, a meia distância dos dois cabos maciços que, a direita e à esquerda, se banham na água clara. No resfolegar de um guarda-costas, sulcando as águas do largo, envolvido pela luz radiosa, ouve-se distintamente, então, o apelo abafado das forças inumanas e faiscantes: é o adeus do Minotauro.

É meio-dia, o próprio dia está em equilíbrio. Cumprido seu rito, o viajante recebe o prêmio de sua libertação: a pequena pedra, seca e doce como um asfódelo, que ele colhe na falésia. Para o iniciado, o mundo não é mais pesado do que essa pedra. A tarefa de Atlas é fácil, basta saber escolher a hora. Compreende-se então que por um momento, um mês, um ano, essas paragens podem prestar-se à liberdade. Acolhem de cambulhada, e sem os olhar, o monge, o funcionário ou o conquistador. Dias houve em que eu esperava encontrar nas ruas de Orã Descartes ou César Bórgia. Isso não aconteceu. Mas outro será talvez mais feliz. Uma grande ação, uma grande obra, a meditação viril exigiam outrora a solidão dos desertos ou do convento. Aí se faziam as vigílias de armas do espírito. Onde as celebraríamos melhor agora que no vazio de uma grande cidade instalada há muito tempo na beleza sem espírito?

Eis a pequena pedra, doce como um asfódelo. Ela está no princípio de tudo. As flores, as lágrimas (se quisermos), as partidas e as lutas são para amanhã. Ao meio-dia, quando o céu abre suas fontes de luz no espaço imenso e sonoro, todos os cabos da costa se apresentam como uma flotilha aparelhando para largar. Esses pesados galeões de pedra e de luz tremem sobre suas quilhas, como se se preparassem para singrar em direção às ilhas de sol. Ó manhãs de Orânia! De cima dos tabuleiros, as andorinhas mergulham em imensas cubas em que ferve o ar. A costa inteira está pronta para partir, percorre-a um frêmito de aventura. Talvez amanhã partamos juntos.

(1939)

As amendoeiras

"Sabe", dizia Napoleão a Fontanes, "o que mais admiro no mundo? A impotência da força em fundar alguma coisa. Há somente duas potências no mundo: a espada e o espírito. Com o tempo, a espada é sempre vencida pelo espírito." Como se vê, os conquistadores são por vezes melancólicos. Cumpre pagar algo por tanta glória vã. Mas o que era verdade, há cem anos, para a espada, não o é mais tanto, hoje, para o tanque. Os conquistadores levaram vantagem e o morno silêncio dos lugares sem espírito se estabeleceu durante anos numa Europa dilacerada. No tempo das horríveis guerras das Flandres, os pintores holandeses podiam talvez pintar os galos de seus galinheiros. Esqueceu-se também a Guerra dos Cem Anos e, no entanto, as orações dos místicos da Silésia moram ainda em alguns corações. Mas hoje as coisas mudaram, os pintores e os monges são mobilizados: somos solidários com este mundo. O espírito perdeu essa segurança real que o conquistador sabia reconhecer-lhe; esgota-se agora em amaldiçoar a força, por não saber dominá-la.

As boas almas andam dizendo que é um mal. Nós não sabemos se é um mal, mas sabemos que assim é. A conclusão é que é preciso se acomodar. Basta então conhecermos o que queremos. E o que queremos justamente é nunca mais nos inclinarmos diante da espada, nunca mais dar razão à força que não se coloca a serviço do espírito. É, em verdade, uma tarefa infindável. Mas estamos aqui para continuá-la. Não acredito o bastante na razão para concordar com o progresso, nem em nenhuma filosofia da história. Creio, ao menos, que os homens nunca deixaram de avançar na consciência que tomavam de seu destino. Não sobrepujamos nossa condição e, no entanto, conhecemo-la melhor. Sabemos que estamos em contradição, mas que devemos recusar a contradição e fazer o que é preciso para diminuí-la. Nossa tarefa de homem é encontrar algumas fórmulas que acalmarão a angústia infinita das almas livres. Cabe-nos recoser o que se rasgou, tornar a justiça concebível num mundo tão evidentemente injusto, a felicidade significativa para povos envenenados pela desgraça do século. Naturalmente, trata-se de uma tarefa sobre-humana. Mas chamam-se sobre-humanas as tarefas que os homens levam muito tempo para realizar, é tudo.

Saibamos por conseguinte o que queremos, permaneçamos firmes quanto ao espírito, ainda que a força tome, para nos seduzir, a aparência de uma ideia ou do conforto. O principal é não desesperar. Não escutemos demasiado os que proclamam o fim do mundo. As civilizações não morrem assim tão facilmente e, ainda que o mundo devesse desmoronar, seria depois de outros. É bem verdade que estamos numa época trágica. Mas há gente demais a confundir o trágico com o desespero. "O trágico", dizia Lawrence, "deveria ser como um grande pontapé dado na desgraça." Eis um pensamento sadio e imediatamente aplicável. Há muitas coisas hoje que merecem esse pontapé.

Quando eu residia em Argel, sempre pacientava durante o inverno porque sabia que em uma noite, uma única noite fria e pura de fevereiro, as amendoeiras do vale dos Cônsules se cobririam de flores brancas. Maravilhava-me então ver essa neve frágil resistir a todas as chuvas e ao vento do mar. Contudo, ela persistia todos os anos o suficiente para preparar o fruto.

Não se trata de um símbolo. Não conquistaremos nossa felicidade com símbolos. É preciso para isso mais seriedade. Quero dizer, tão somente, que por vezes, quando a carga da vida se faz demasiado pesada nessa Europa ainda toda plena de sua desgraça, eu me volto para essas terras resplendentes, onde tantas forças ainda se acham intatas. Conheço-as o bastante para saber que são a terra eleita, onde a contemplação e a coragem podem equilibrar-se. A meditação sobre o exemplo delas me ensina então que, se se quiser salvar o espírito, é preciso ignorar suas virtudes queixosas e exaltar sua força e seus prestígios. Este mundo está envenenado de infelicidades e parece nelas se comprazer. Está por inteiro entregue a esse mal que Nietzsche chamava espírito pesado e desgracioso. Não pactuemos. É vão chorar sobre o espírito, basta trabalhar por ele.

Mas onde estão as virtudes conquistadoras do espírito? O mesmo Nietzsche as enumerou como as inimigas mortais do espírito pesado e desgracioso. Para ele, são a força de caráter, o gosto, "o mundo", a felicidade clássica, a dura altivez, a fria frugalidade do sábio. Essas virtudes, mais que nunca, são necessárias e cada qual pode escolher a que lhe convém. Diante da enormidade do jogo encetado, não se vá esquecer, em todo caso, a força de caráter. Não me refiro à que se acompanha nas tribunas eleitorais de franzir de sobrancelhas e de ameaças. Mas à que resiste a todos os ventos do mar pela virtude da brancura e da seiva. Ela é que, no inverno do mundo, preparará o fruto.

(1940)

*Parecia-me faltar alguma coisa à divindade
quando nada existia a lhe opor.*

Luciano,
Prometeu no Cáucaso

Prometeu nos Infernos

Que significa Prometeu para o homem de hoje? Seria possível dizer, sem dúvida, que esse revoltado erguido contra os deuses é o modelo do homem contemporâneo e que esse protesto levantado, há milhares de anos, nos desertos da Cítia, termina hoje numa convulsão histórica sem igual. Mas, ao mesmo tempo, algo nos diz que esse perseguido continua a sê-lo entre nós e que ainda somos surdos ao grande grito da revolta humana cujo sinal solitário ele dá.

O homem de hoje é com efeito aquele que sofre por massas prodigiosas na estreita superfície desta terra, o homem privado de fogo e de alimento, para quem a liberdade não passa de um luxo que pode esperar, e não se trata ainda para esse homem senão de sofrer um pouco mais, como não se pode tratar, quanto à liberdade e suas últimas testemunhas, senão de desaparecer um pouco mais. Prometeu é esse herói que amou suficientemente os homens para lhes dar ao mesmo tempo o fogo e a liberdade, as técnicas e as artes. A humanidade, hoje, só precisa de técnicas e só se preocupa com elas. E ela se revolta em suas máquinas e encara a arte — e o que esta implica — como um obstáculo e um sinal de servidão.

O que, ao contrário, caracteriza Prometeu é que ele não pode separar a máquina da arte. Ele pensa que se pode libertar ao mesmo tempo os corpos e as almas. O homem atual crê que é preciso antes de mais nada libertar o corpo, ainda que o espírito deva morrer provisoriamente. Mas pode o espírito morrer provisoriamente? Em verdade, se Prometeu voltasse, os homens de hoje fariam como os deuses de então: iriam acorrentá-lo ao rochedo, precisamente em nome desse humanismo de que ele é o primeiro símbolo. As vozes inimigas que então insultariam o vencido seriam as mesmas que ecoam no limiar da tragédia de Ésquilo: as da Força e da Violência.

Estarei eu cedendo ao tempo avaro, às árvores nuas, ao inverno do mundo? Mas esta nostalgia mesma da luz me dá razão: fala-me de outro mundo, minha pátria verdadeira. Tem ela ainda sentido para alguns homens? No ano da guerra, eu devia embarcar para refazer o périplo de Ulisses. Nessa época, mesmo um rapaz pobre podia conceber o projeto milionário de atravessar um mar, ao encontro da luz. Mas fiz então como todos. Não embarquei. Tomei meu lugar na fila que pateava diante da porta aberta do inferno. Pouco a pouco, entramos. E, ao primeiro grito da inocência assassinada, a porta bateu atrás de nós. Estávamos no inferno e nunca mais saímos dele. Há seis longos anos, procuramos acomodar-nos. Os fantasmas reconfortantes das ilhas afortunadas só nos aparecem agora ao fundo de outros longos anos, ainda por vir, sem fogo nem sol.

Nesta Europa úmida e preta, como não receber então, com um frêmito de nostalgia e de difícil cumplicidade, a exclamação do velho Chateaubriand diante de Ampère, que partia para a Grécia: "Não encontrareis nenhuma folha das oliveiras, nenhum bago das uvas que eu vi em Ática. Tenho saudade até da relva de meu tempo. Não tive a força de dar vida a uma urze sequer." E nós também, mergulhados, apesar de nosso sangue jovem, na terrível velhice deste último século, temos saudades às vezes da relva de todos os tempos, da folha de oliveira que não vamos mais ver por si mesma, e das vinhas da liberdade. O homem está em toda parte, em toda parte estão seus gritos, sua dor e suas ameaças. Entre tantas criaturas reunidas, não há mais lugar para os grilos. A história é uma terra estéril onde a urze não cresce. O homem de hoje escolheu a história entretanto e ele não podia nem devia desviar-se dela. Mas, em vez de subjugá-la, ele consente dia a dia um pouco mais em se tornar seu escravo Assim é que trai Prometeu, esse filho "de coração displicente e de pensamentos ousados". Assim é que ele retorna à miséria dos homens que Prometeu quis salvar. "Eles viam sem ver, escutavam sem ouvir, semelhantes às formas dos sonhos..."

Sim, basta uma tarde da Provence, uma colina perfeita, um odor de sal, para percebermos que tudo ainda está por se fazer. Temos de reinventar o fogo, redescobrir os ofícios para saciar a fome do corpo. A Ática, a liberdade e suas vindimas, o pão da alma são para mais tarde. E que podemos fazer, senão gritar para nós mesmos: "Nunca mais serão ou serão para outros"; e fazer o necessário para que esses outros, ao menos, não sejam frustrados. Nós que sentimos isso com dor e que tentamos entretanto aceitá-lo sem amargura, estaremos atrasados ou adiantados, e teremos a força de fazer com que revivam as urzes?

A esta interrogação que se ergue através do século imaginamos a resposta que nos daria Prometeu. Em verdade, ele já a deu: "Eu vos prometo a reforma e a reparação, ó mortais, se fordes bastante hábeis, bastante virtuosos, bastante fortes para executá-las com vossas mãos." Se é certo, então, que a salvação está em nossas mãos, eu responderei sim, por causa dessa força refletida e dessa coragem avisada que sinto sempre em alguns homens que conheço. "Ó justiça, ó mãe", exclama Prometeu, "vês quanto me fazem sofrer." E Hermes zomba do herói: "Espanta-me que, sendo adivinho, não tenhas previsto o suplício que sofres." "Eu o conhecia, responde o revoltado. Os homens de que falo são, eles também, filhos da justiça. Eles também sofrem a desgraça de todos, com conhecimento de causa. Sabem precisamente que não há justiça cega, que a história não tem olhos e cumpre portanto rejeitar sua justiça para substituí-la, na medida do possível, por aquela que o espírito concebe. E é assim que Prometeu volta a entrar no nosso século.

Os mitos não têm vida por si mesmos. Aguardam que os encarnemos. Que um único homem atenda a seu apelo no mundo, e eles nos oferecem sua seiva intata. Temos de preservá-lo e fazer com que seu sono não seja mortal, a fim de que a ressurreição se torne possível. Duvido por vezes que seja permitido salvar o homem de hoje. Mas ainda é possível salvar os filhos deste homem em seu coração e em seu espírito. É possível lhes oferecer ao mesmo tempo as possibilidades da felicidade e da beleza. Se devemos resignar-nos a viver sem a beleza e a liberdade que ela significa, o mito de Prometeu é um dos que nos lembrarão de que toda mutilação do homem não pode ser senão provisória, que nada servimos ao homem em não o servindo inteiramente. Se ele tem fome de pão e de urzes, e se é verdade ser o pão mais necessário, aprendamos a preservar a recordação das urzes. No coração mais sombrio da história, os homens de Prometeu, sem interromper seu duro ofício, conservarão um olhar para a terra e para a relva incansável. O herói acorrentado mantém, em meio ao raio e ao trovão divinos, sua tranquila fé no homem. Assim é que se faz mais duro que seu rochedo e mais paciente que seu abutre. Mais que a revolta contra os deuses, é essa longa obstinação que tem sentido para nós. E essa admirável vontade de nada separar nem excluir que sempre reconciliou e reconciliará ainda o coração doloroso dos homens com as primaveras do mundo.

(1946)

Guia de bolso para as
cidades sem passado

A doçura de Argel é antes italiana. O brilho cruel de Orã tem algo de espanhol. Empoleirada num rochedo, em cima das gargantas do Rummel, Constantina nos faz pensar em Toledo. Porém a Espanha e a Itália transbordam de recordações, de obras de arte e de vestígios exemplares. Mas Toledo teve seu Greco e seu Barrès. As cidades de que falo são, ao contrário, cidades sem passado. São portanto cidades sem abandono e sem enternecimento. Nas horas de tédio, que são as da sesta, a tristeza é nelas implacável e sem melancolia. Na luz das manhãs ou no luxo natural das noites, a alegria é, ao contrário, sem doçura. Essas cidades não oferecem nada à reflexão e tudo à paixão. Não são feitas nem para a sabedoria nem para os matizes do gosto. Um Barrès e os que a ele se assemelham nelas seriam triturados.

Os viajantes da paixão (a dos outros), as inteligências demasiado nervosas, os estetas e os recém-casados nada têm a ganhar com essa viagem argelina. E, a menos de uma vocação absoluta, não caberia recomendar a ninguém que nela se retirasse para sempre. Às vezes, em Paris, tenho vontade de gritar para pessoas que estimo e me interrogam sobre a Argélia: "Não vá." Essa brincadeira teria sua parte de verdade, pois bem vejo o que esperam e que não obterão. E sei, ao mesmo tempo, dos prestígios e da força sorrateira dessa terra, da maneira insinuante com que retém os que nela se demoram, com que os imobiliza, priva-os, antes de tudo, de indagações e os adormece afinal na vida cotidiana. A revelação dessa luz, tão ofuscante que se torna branca e preta, tem de início algo sufocante. A gente se lhe entrega, fixa-se nela e depois percebe que esse esplendor demasiado longo não dá nada à alma, não é senão um gozo desmedido. Gostaríamos então de voltar para o espírito. Mas os homens dessa terra — e nisso está sua força — têm aparentemente mais coração que espírito. Podem ser nossos amigos (e que amigos então!), mas não serão nossos confidentes. É uma coisa que se julgará temível nesta Paris onde se esbanja tanto a alma e onde a água das confidências corre em murmúrio, interminavelmente, por entre as fontes, as estátuas e os jardins.

É à Espanha que essa terra mais se assemelha. Mas a Espanha, sem a tradição, não passaria de um belo deserto. E, a menos que alguém aí se encontre pelo acaso do nascimento, há somente uma raça de homens que possa pensar em se retirar para o deserto para sempre. Tendo nascido nesse deserto, não posso pensar, em todo caso, a dele falar como visitante. Porventura se faz a nomenclatura dos encantos da mulher muito amada? Não, gosta-se dela por inteiro, se ouso dizer, com uma ou duas ternuras precisas, concernentes a um arrufo predileto ou a um modo de menear a cabeça. Tenho assim, com a Argélia, uma longa ligação que, sem dúvida, não acabará nunca e que me impede de ser inteiramente clarividente a seu respeito. Simplesmente, com muita aplicação, pode-se chegar a distinguir, no abstrato em suma, o pormenor do que se ama em quem se ama. É esse exercício escolar que eu posso tentar aqui quanto à Argélia.

Para começar, a mocidade lá é bela. Os árabes, naturalmente, e também os outros. Os franceses da Argélia são uma raça bastarda, feita de misturas imprevistas. Espanhóis e alsacianos, italianos, malteses, judeus, gregos enfim aí se encontraram. Tais cruzamentos brutais deram, como na América, resultados felizes. Ao passear em Argel, observem os punhos das mulheres e dos rapazes e pensem depois nos que encontram no metrô parisiense.

O viajante ainda jovem perceberá também que as mulheres são belas. O melhor lugar para se dar conta disto é o terraço do Café des Facultes, rua Michelet, em Argel, à condição de aí se sentar numa manhã do mês de abril. Coortes de mulheres jovens, de sandálias, vestidas de tecidos leves e de cores vivas, sobem e descem a rua. Pode-se admirá-las sem falso pudor: elas vieram para isso. Em Orã, o Bar Cintra, no bulevar Gallieni, é também um bom observatório. Em Constantina, pode-se sempre passear ao redor do coreto. Mas, estando o mar a centenas de quilômetros, falta talvez alguma coisa às criaturas que aí se encontram. Em geral, e por causa dessa condição geográfica, Constantina oferece menos encantos, mas a qualidade do tédio é mais requintada.

Se o viajante chega no verão, a primeira coisa a fazer é, evidentemente, ir às praias que cercam as cidades. Verá a mesma juventude e mais resplendente porque menos vestida. O sol lhes dá então os olhos sonolentos dos grandes animais. Deste ponto de vista as praias de Orã são as mais belas, sendo a natureza e as mulheres mais selvagens.

Quanto ao pitoresco, Argel oferece uma cidade árabe, Orã uma cidade negra e um bairro espanhol, Constantina um bairro judeu. Argel tem um longo colar de bulevares sobre o mar; deve-se passear por aí à noite. Orã tem poucas árvores, mas as mais belas pedras do mundo. Constantina tem uma ponte suspensa onde as pessoas se fotografam. Nos dias de vento forte, a ponte balança por cima das profundas gargantas do Rummel e tem-se uma sensação de perigo.

Recomendo ao viajante sensível, se for a Argel, que vá tomar anisete sob as arcadas do porto, e comer, pela manhã, na Pêcherie, peixe recém-pescado e grelhado em fornos a carvão; que vá ouvir música árabe num pequeno café da rua de la Lyre e cujo nome esqueci; que vá sentar-se no chão às seis horas da tarde, ao pé da estátua do duque de Orléans, praça do Governo (não por causa do duque e sim porque passa muita gente e a gente se sente bem); que vá almoçar no restaurante Padovani, espécie de *dancing* sobre estacas à beira-mar, onde a vida é sempre fácil; que vá visitar os cemitérios árabes, primeiramente para encontrar paz e beleza e depois para apreciar em seu justo valor as ignóbeis cidades onde sepultamos nossos mortos; que vá fumar um cigarro na rua des Bouchers, na Casbá, entre baços, fígados, mesentérios e bofes sanguinolentos que se desmilinguem de todos os lados (o cigarro é necessário, pois essa Idade Média cheira forte).

Quanto ao resto, é preciso saber falar mal de Argel quando se está em Orã (insistir na superioridade comercial do porto de Orã), zombar de Orã quando se está em Argel (aceitar sem reservas a ideia de que os oraneses "não têm educação"), e, sempre, reconhecer humildemente a superioridade da Argélia sobre a França metropolitana. Feitas essas concessões, teremos a oportunidade de perceber a superioridade real da Argélia sobre a França, isto é, sua generosidade sem limites e sua hospitalidade natural.

E é aqui talvez que eu poderia abandonar toda ironia. Afinal de contas, a melhor maneira de falar do que se ama é falar com displicência. No que diz respeito à Argélia, tenho sempre receio de insistir nessa corda íntima que lhe corresponde em mim e cujo canto cego e grave eu conheço. Mas posso dizer, ao menos, que ela é minha verdadeira pátria e que, em qualquer lugar do mundo, reconheço seus filhos e meus irmãos por esse riso amigo de que sou tomado diante deles. O que amo nas cidades argelinas não se separa dos homens que as povoam. Eis por que prefiro encontrar-me aí a essa hora da tarde em que os escritórios e as casas despejam nas ruas, ainda escuras, uma multidão barulhenta que acaba por deslizar até os bulevares diante do mar e começa aí a se calar, à medida que a noite cai e as luzes do céu, os faróis da enseada e as lâmpadas da cidade se unem, aos poucos, na mesma palpitação indistinta. Todo um povo se recolhe assim à beira-mar, mil solidões jorram da multidão. Então começam as grandes noites da África, o exílio real, a exaltação desesperada que aguarda o viajante solitário...

Não, decididamente, não vão lá se tiverem o coração morno, e se sua alma for um pobre bicho! Mas, para os que conhecem as tragédias do sim e do não, do meio-dia e das meias-noites, da revolta e do amor, para aqueles, enfim, que amam a fogueira diante do mar, há, lá, uma chama que os espera.

(1947)

O exílio de Helena

O Mediterrâneo tem sua tragicidade solar que não é a das brumas. Certas tardes, à beira-mar, ao pé das montanhas, a noite cai sobre a curva perfeita de uma enseada e, das águas silenciosas, sobe então uma plenitude angustiada. Pode-se compreender nessas paragens que, se os gregos tocaram o desespero, foi sempre através da beleza e do que ela tem de opressor. Nessa desgraça dourada, a tragédia culmina. Nossa época, ao contrário, alimentou seu desespero na sordidez e nas convulsões. Por isso a Europa seria ignóbil, se a dor o pudesse ser um dia.

Exilamos a beleza, os gregos pegaram em armas por ela. Primeira diferença, mas que vem de longe. O pensamento grego sempre se entrincheirou na ideia de limite. Nada levou até o fim, nem o sagrado, nem a razão, porque nada negou, nem o sagrado nem a razão. Teve em conta tudo, equilibrando a sombra com a luz. Nossa Europa, ao contrário, lançada à conquista da totalidade, é filha da desmedida. Ela nega a beleza, como nega tudo o que não exalta. E, embora de maneira diversa, exalta apenas uma coisa que é o império futuro da razão. Em sua loucura, ela recua os limites eternos e, de imediato, obscuras Erínias caem sobre ela e a estraçalham. Nêmesis vela, deusa da medida, não da vingança. Todos os que ultrapassam o limite são por ela impiedosamente castigados. Os gregos, que se interrogaram durante séculos acerca do que era justo, nada compreenderiam da nossa ideia da justiça. A equidade, para eles, supunha um limite, ao passo que todo o nosso continente se convulsiona à procura de uma justiça que ele quer total. Na aurora do pensamento grego, Heráclito já imaginava que a justiça estabelece fronteiras até para o universo físico. "O sol não ultrapassará seus limites, pois de outro modo as Erínias que guardam a justiça o saberão descobrir."* Nós que tiramos da órbita o universo e o espírito, rimos dessa ameaça. Acendemos num céu embriagado os sóis que queremos. Mas isso não impede que os limites existam e o sabemos. Nas nossas mais extremas demências, sonhamos com um equilíbrio que deixamos atrás de nós e acreditamos ingenuamente que o vamos reencontrar ao fim de nossos erros. Presunção infantil e que justifica o fato de povos crianças, herdeiros de nossas loucuras, conduzirem hoje nossa história.

Um fragmento atribuído ao mesmo Heráclito enuncia simplesmente: "Presunção, regressão do progresso." E muitos séculos depois do Efésio, Sócrates, diante da ameaça de uma condenação à morte, não reconhecia em si nenhuma superioridade a não ser esta: o que ignorava, não acreditava sabê-lo. A vida e o pensamento mais exemplares desses séculos terminam numa altiva confissão de ignorância. Esquecendo isso, esquecemos nossa virilidade. Temos preferido o poder que imita a grandeza, Alexandre primeiramente e depois os

---

* Tradução de Y. Battistini.

conquistadores romanos que nossos autores de manuais, em virtude de uma baixeza de alma incomparável, nos ensinam a admirar. Conquistamos por nosso turno, deslocamos as fronteiras, dominamos o céu e a terra. Nossa razão fez o vácuo. Finalmente sós, terminamos nosso império sobre um deserto. Que imaginação teríamos então para esse equilíbrio superior em que a natureza balançava a história, a beleza, o bem, e que levava a música dos números até a tragédia do sangue? Voltamos as costas à natureza, temos vergonha da beleza. Nossas miseráveis tragédias têm um odor de rotina e o sangue que delas poreja uma cor de tinta oleosa.

Eis por que é indecente proclamar hoje que somos os filhos da Grécia. Ou então somos os filhos renegados. Colocando a história no trono de Deus, caminhamos para a teocracia, como aqueles a quem os gregos chamavam bárbaros e que combateram até a morte nas águas de Salamina. Para bem apreender nossa diferença, cumpre se voltar para aquele dentre os nossos filósofos que é o verdadeiro rival de Platão. "Só a cidade moderna", ousa escrever Hegel, "oferece ao espírito o terreno onde ele pode tomar consciência de si mesmo." Vivemos portanto a era das grandes cidades. Deliberadamente, o mundo foi amputado do que faz sua permanência: a natureza, o mar, a colina, a meditação das tardes. Não há mais consciência senão nas ruas, porque só há história nas ruas, eis o decreto. E, com isso, nossas obras mais significativas testemunham o mesmo *parti pris*. Procura-se em vão a paisagem na grande literatura europeia desde Dostoiévski. A história não explica nem o universo natural que existia antes dela, nem a beleza que está acima dela. Decidiu portanto ignorá-los. Enquanto Platão abrangia tudo, o absurdo, a razão e o mito, nossos filósofos não abrangem senão o absurdo ou a razão, porque fecharam os olhos para o resto. A toupeira medita. Foi o cristianismo que começou a substituir a contemplação do mundo pela tragédia da alma. Mas se referia, ao menos, a uma natureza espiritual e, por ela, mantinha certa fixidez. Deus morto, restam apenas a história e o poder. De há muito todo o esforço de nossos filósofos visou apenas a substituir a noção de natureza humana pela de situação e a harmonia antiga pelo impulso desordenado do acaso ou pelo movimento impiedoso da razão. Enquanto os gregos davam à vontade os limites da razão, nós acabamos pondo o impulso da vontade no coração da razão, o que a tornou assassina. Os valores para os gregos preexistiam a qualquer ação, cujos limites marcavam precisamente. A filosofia moderna coloca seus limites no fim da ação. Eles não são, mas se tornam, e só os conhecemos por inteiro no término da história. Com eles, o limite desaparece, e como as concepções diferem acerca do que serão, como não há luta que, sem o freio desses mesmos valores, não prossiga indefinidamente, os messianismos hoje se defrontam e seus clamores se fundem no choque dos impérios. A desmedida é um incêndio, segundo Heráclito. O incêndio vence, Nietzsche é ultrapassado. Não é mais a marteladas que a Europa filosofa e sim a tiros de canhão.

A natureza continua presente, entretanto. Ela opõe seus céus calmos e suas razões à loucura dos homens. Até que o átomo também pegue fogo e a história acabe no triunfo da razão e na agonia da espécie. Mas os gregos nunca disseram que o limite não podia ser transposto. Disseram que ele existia e que quem ousasse ultrapassá-lo seria castigado sem piedade. Nada na história de hoje pode contradizê-los.

O espírito histórico e o artista querem ambos refazer o mundo. Mas o artista, por uma obrigação de sua natureza, conhece os limites que o espírito histórico desconhece. Eis por que o fim deste último é a tirania, ao passo que a paixão do outro é a liberdade. Todos os que lutam hoje pela liberdade combatem em última instância pela beleza. Não se trata, naturalmente, de defender a beleza por si mesma. A beleza não pode dispensar o homem e nós só daremos a nosso tempo sua grandeza e sua serenidade acompanhando-o em sua desgraça. Nunca mais seremos solitários. Mas é não menos verdade que o homem não pode dispensar a beleza e é nossa época que aparenta querer ignorá-lo. Ela se retesa para atingir o absoluto e o império, ela quer transfigurar o mundo antes de o ter esgotado, ordená-lo antes de o ter compreendido. Por mais que tente justificar-se, deserta deste mundo. Ulisses pode escolher com Calipso entre a imortalidade e a terra de sua pátria. Escolhe a terra e a morte com ela. Uma grandeza tão simples é-nos hoje estranha. Outros dirão que carecemos de humildade. Mas esta palavra, em definitivo, é ambígua. Semelhantes a esses bufões de Dostoiévski que se jactam de tudo, erguem-se aos céus e acabam exibindo sua vergonha em qualquer esquina, carecemos apenas do orgulho do homem, que é fidelidade a seus limites, amor clarividente de sua condição.

"Odeio a minha época", escrevia Saint-Exupéry antes de morrer, por motivos que não se apartam muito dos que mencionei. Mas, por perturbador que seja esse grito, vindo de quem como ele amou os homens no que têm de mais admirável, não o endossaremos. Que tentação, porém, em certas horas, de se afastar deste mundo morno e descarnado!

Mas esta época é a nossa e não podemos viver odiando a nós mesmos. Ela não caiu tão baixo senão pelo excesso de suas virtudes tanto quanto pela grandeza de seus defeitos. Lutaremos por aquela de suas virtudes que vem de longe. Que virtude? Os cavalos de Pátroclo choram o dono morto na batalha. Tudo está perdido. Mas o combate se reinicia com Aquiles e a vitória chega no fim, porque a amizade acaba de ser assassinada: a amizade é uma virtude.

O reconhecimento da ignorância, a recusa ao fanatismo, os limites do mundo e do homem, o rosto amado, a beleza enfim, eis o campo onde nos reuniremos aos gregos. De certa maneira, o sentido da história de amanhã não é o que acreditamos. Está na luta entre a criação e a inquisição. Apesar do que custarão aos artistas suas mãos vazias, podemos esperar sua vitória. Uma vez mais, a filosofia das trevas se dissipará por cima do mar resplendente. Ó pensamento de meio-dia, a guerra de Troia faz-se longe dos campos de batalha! Desta vez ainda, os muros terríveis da cidade moderna cairão para entregar, "alma serena como a calma dos mares", a beleza de Helena.

(1948)

O enigma

Caídas do mais alto céu, ondas de sol se quebram brutalmente nos campos ao redor de nós. Tudo cala diante desse fragor e o Lubéron, embaixo, não passa de um enorme bloco de silêncio que escuto sem descanso. Presto atentos ouvidos: correm a mim ao longe, amigos invisíveis me chamam, minha alegria aumenta, a mesma de anos antes. Novamente, um enigma feliz me ajuda a tudo compreender.

Onde está o absurdo do mundo? Será esse esplendor ou a lembrança de sua ausência? Com tanto sol na memória, como pude apostar no absurdo? Espantam-se em volta de mim; eu também me espanto, por vezes. Poderia responder, e a mim mesmo responder, que precisamente o sol me ajudava a isso e que sua luz, à força de espessura, coagula o universo e suas formas em um deslumbramento obscuro. Mas isso pode ser dito de outra maneira e eu gostaria, diante dessa claridade branca e preta que, para mim, foi sempre a da verdade, explicar-me simplesmente acerca desse absurdo que conheço demasiado para suportar que se discorra a seu respeito sem matizes. Falar dele, em suma, vai levar-nos novamente ao sol.

Nenhum homem pode dizer o que é. Mas acontece que possa dizer o que não é. Quer-se que quem ainda procura já tenha concluído. Mil vozes já lhe anunciam o que encontrou e, no entanto, ele o sabe, não é isso. Procurar e deixar falar? Sim, por certo. Mas é preciso, de quando em quando, defender-se. Não sei o que procuro, digo-o com prudência, desdigo-me, repito-me, avanço e recuo. Concitam-me porém a dar os nomes, ou o nome, uma vez por todas. Agasto-me então; o que se nomeia já não está perdido? Eis, ao menos, o que posso tentar dizer.

Um homem, se eu acreditar em um de meus amigos, tem sempre dois temperamentos: o próprio e o que sua mulher lhe atribui. Substitua-se mulher por sociedade e compreenderemos que uma fórmula, ligada por um escritor a todo o contexto de uma sensibilidade, possa ser isolada pelo comentário que dela se faz e apresentada a seu autor sempre que ele deseja falar de outra coisa. A palavra é como o ato: "Deste à luz esta criança? "Sim." "É teu filho então." "Não é tão simples assim!" Assim Nerval, numa sórdida noite, enforcou-se duas vezes, para si mesmo porque estava na desgraça e depois para sua lenda, que ajuda alguns a viver. Ninguém pode escrever sobre a desgraça verdadeira, nem sobre certas felicidades, e não o tentarei aqui. Mas, quanto à lenda, pode-se descrevê-la e imaginar um minuto, ao menos, que a dissipamos.

Um escritor escreve em grande parte para ser lido (admiremos os que dizem o contrário, mas não acreditemos neles). Cada vez mais, porém, entre nós, ele escreve para obter uma consagração derradeira que consiste em não ser lido. Com efeito, a partir do momento em que pode fornecer a matéria de um artigo pitoresco em nossa imprensa de grande tiragem, tem todas as probabilidades de ser conhecido por um número bastante grande de pessoas que não o lerão nunca porque se contentarão com conhecer-lhe o nome e ler o que se escreverá a seu respeito. A partir de então, ele será conhecido (e esquecido) não pelo que é e sim pela imagem que um jornalista apressado terá dado dele. Para conseguir um nome nas letras, não é, pois, indispensável escrever livros. Basta passar por ter feito um de que os vespertinos terão falado e sobre o qual se poderá dormir doravante.

Sem dúvida essa reputação, grande ou pequena, será usurpada. Mas que fazer contra isso? Admitamos, antes, que esse incômodo possa ser também benfazejo. Os médicos sabem que certas doenças são desejáveis: elas compensam, a seu modo, uma desordem funcional que, sem elas, se traduziria em maiores desequilíbrios. Há assim constipações úteis e artritismos providenciais. O dilúvio de palavras e de juízos apressados, que hoje afoga toda atividade pública num oceano de frivolidade, ensina, ao menos, ao escritor francês uma modéstia de que ele tem incessante necessidade numa nação que, por outro lado, dá a seu ofício uma importância desproporcionada. Ver o nome em dois ou três jornais que conhecemos é tão dura prova que comporta forçosamente alguns benefícios para a alma. Louvada seja, pois, a sociedade que, tão baratamente, nos ensina todos os dias, por suas próprias homenagens, não serem nada as grandezas por ela proclamadas. O barulho que ela faz, quanto mais forte explode, mais depressa morre. Lembra as fogueiras de estopa que Alexandre VI amiúde acendia diante de si para não esquecer que toda glória deste mundo é como fumaça que se desvanece.

Mas deixemos de ironia. Bastará dizer, quanto ao nosso caso, que um artista deve resignar-se, de bom humor, a deixar arrastar-se, pelos gabinetes dentários e pelas barbearias, uma imagem de si de que se sabe indigno. Conheci um escritor em voga que passava por presidir, todas as noites, enfumaçadas bacanais em que as ninfas se vestiam unicamente de seus cabelos e os faunos tinham unhas de luto. Seria possível indagar, sem dúvida, quando encontrava tempo para redigir uma obra que ocupava várias prateleiras de biblioteca. Esse escritor, na realidade, como muitos de seus confrades, dorme à noite para trabalhar diariamente longas horas à sua escrivaninha, e bebe água mineral para poupar o fígado. Isso não impede que o francês médio, cuja sobriedade saariana e cuja meticulosa limpeza são conhecidas, indigne-se à ideia de que um de nossos escritores ensine ser preciso embriagar-se e não se lavar. Exemplos não faltam. Posso pessoalmente fornecer excelente receita para alcançar a baixo preço uma reputação de austeridade. Carrego com efeito o peso dessa reputação que faz meus amigos rirem (quanto a mim, antes me envergonho, a tal ponto a usurpo e o sei). Bastará, por exemplo, recusar a honra de jantar com o diretor de um jornal que não se aprecia. A simples decência, em verdade, não se imagina sem alguma tortuosa enfermidade da alma. Ninguém, de resto, chegará a pensar que se você recusa o jantar desse diretor pode ser porque, efetivamente, não gosta dele, mas também porque você teme, acima de tudo, aborrecer-se — e que haverá mais aborrecido que um jantar bem parisiense?

Cumpre portanto se resignar. Mas é possível, em se oferecendo a ocasião, corrigir o tiro, repetir então que não se pode ser sempre um pintor do absurdo e que ninguém pode crer numa literatura desesperada. Naturalmente, é sempre possível escrever, ou ter escrito, um ensaio sobre a noção de absurdo. Mas afinal pode-se também escrever sobre o incesto sem por isso se ter precipitado sobre a infeliz irmã, e não li em nenhum lugar que Sófocles tenha algum dia suprimido o pai e desonrado a mãe. A ideia de que todo escritor escreve forçosamente sobre si mesmo e se pinta em seus livros é uma das puerilidades a nós legadas pelo romantismo. Ao contrário, não está excluído em absoluto que um artista se interesse primeiramente pelos outros, por sua época, ou por mitos familiares. Ainda que lhe ocorra subir ao palco, pode-se considerar excepcional o fato de falar do que ele é realmente. As obras de um homem retraçam muitas vezes a história de suas nostalgias ou de suas tentações, quase nunca sua própria história, principalmente quando elas pretendem ser autobiográficas.

Nenhum homem jamais ousou pintar-se tal qual é.

Na medida do possível, eu gostaria, ao contrário, de ser um escritor objetivo. Chamo objetivo a um escritor que se propõe temas sem nunca tornar a si mesmo como objeto. Mas a mania contemporânea de confundir o escritor com seu assunto não pode admitir essa liberdade relativa do autor. E assim é que a gente se torna profeta do absurdo. Que fiz mais, entretanto, senão raciocinar sobre uma ideia que encontrei nas ruas de minha época? Que haja alimentado essa ideia (e que uma parte de mim a alimente sempre), com toda a minha geração, isso é evidente por si. Mantive simplesmente diante dela a distância necessária para dela tratar e decidir de sua lógica. Tudo o que pude escrever depois o mostra suficientemente. Mas é cômodo explorar uma fórmula de preferência a um matiz. Escolheram a fórmula: eis-me absurdo como antes.

Para que dizer ainda que na experiência que me interessava, e acerca da qual me aconteceu escrever, o absurdo só pode ser encarado como um ponto de partida, ainda que sua lembrança, e sua emoção, acompanhem as gestões ulteriores. Assim também, guardadas as proporções, a dúvida cartesiana, que é metódica, não basta para fazer de Descartes um cético. Em todo caso, como se restringir à ideia de que nada tem sentido e seja preciso desesperar de tudo? Sem ir ao fundo das coisas, pode-se observar pelo menos que, da mesma forma que não há materialismo absoluto, porquanto só para formar essa palavra já se diz haver no mundo algo mais que a matéria, também não há niilismo total. A partir do instante em que se diz ser tudo absurdo, exprime-se alguma coisa que tem sentido. Recusar qualquer significação ao mundo equivale a suprimir todo juízo de valor. Mas viver, e, por exemplo, alimentar-se, é em si um juízo de valor. Escolhe-se durar a partir do momento em que a gente não se deixa morrer e se reconhece então um valor, relativo pelo menos, na vida. Que significa finalmente uma literatura desesperada? O desespero é silencioso. O próprio silêncio, de resto, conserva um sentido se os olhos falam. O verdadeiro desespero é agonia, túmulo ou abismo. Se se fala, se se raciocina, se se escreve sobretudo, de imediato o irmão nos estende a mão, a árvore se justifica, o amor nasce. Uma literatura desesperada é uma contradição em seus termos.

Bem entendido, não sou propenso a certo otimismo. Cresci, com todos os homens de minha idade, ao rufo dos tambores da primeira guerra e a nossa história, desde então, não cessou de ser assassinato, injustiça ou violência. Mas o verdadeiro pessimismo (que se encontra) consiste em exagerar tanta crueldade e infâmia. Nunca deixei, quanto a mim, de lutar contra essa desonra e só odeio aos cruéis. Na mais sombria fase de nosso niilismo, procurei unicamente razões para ultrapassar esse niilismo. E não, aliás, por virtude, nem por rara elevação da alma, mas por uma fidelidade instintiva a uma luz dentro da qual nasci e na qual, há milênios, os homens aprenderam a brindar à vida até no sofrimento. Ésquilo é amiúde desesperante; contudo, irradia e aquece. No centro de seu universo, não é o magro absurdo que encontramos e sim o enigma, isto é, um sentido que se decifra mal porque ofusca. Da mesma forma, para os filhos indignos, mas obstinadamente fiéis, da Grécia, que ainda sobrevivem neste século descarnado, a queimadura de nossa história pode parecer insustentável, mas eles a aguentam porque querem compreendê-la. No centro de nossa obra, ainda que sombria, irradia um sol inesgotável, o mesmo que se eleva hoje por entre prados e colinas.

Depois disso, a fogueira de estopa pode queimar; que importa o que podemos parecer e o que usurpamos? O que somos, o que temos de ser basta para encher nossas vidas e ocupar nossos esforços. Paris é uma caverna admirável e seus homens, vendo as próprias sombras se agitarem na parede do fundo, as tomam como única realidade. Assim ocorre com o estranho e fugidio renome que essa cidade outorga. Mas aprendemos, longe de Paris, que uma luz está às nossas costas, que é preciso nos voltarmos rejeitando nossos laços para encará-la de frente, e que nossa tarefa, antes de morrer, é procurar, através de todas as palavras, nomeá-la. Sem dúvida, todo artista anda à procura de sua verdade. Se é grande, cada obra o aproxima dela, ou, pelo menos, gravita ainda mais perto desse centro, sol enterrado, onde tudo deve queimar-se um dia. Se é medíocre, cada obra o afasta dela e o centro se encontra então em toda parte, desfaz-se a luz. Mas, em sua busca obstinada, só podem ajudar o artista os que o amam e também aqueles que, amando ou criando eles próprios, encontram na paixão que lhes é própria a medida de toda paixão, e sabem então julgar.

Ora, todo esse barulho... quando a paz estaria em amar e criar em silêncio! Mas é preciso saber pacientar. Mais um instante ainda e o sol sela as bocas.

(1950)

Navegaste de exaltada alma longe da casa paterna, transpondo os duplos rochedos do mar, e moras numa terra estrangeira.

Medeia

Volta a Tipasa

Caindo sem trégua sobre Argel durante cinco dias, a chuva acabara por molhar o próprio mar. Do alto de um céu que se afigurava inesgotável, incessantes aguaceiros, viscosos de tão espessos, abatiam-se sobre o golfo. Cinzento e mole como uma grande esponja, o mar inturgescia na enseada sem contornos. Mas a superfície das águas parecia quase imóvel sob a chuva fixa. De tempos em tempos somente, um imperceptível e largo movimento erguia acima do mar uma bruma turva que vinha atracar no porto, sob uma cintura de bulevares molhados. A própria cidade, todos os seus muros brancos porejando de umidade, exalava outra neblina que ia ao encontro da primeira. Para qualquer lado que se voltasse então, parecia que se respirava água, bebia-se enfim o ar.

Diante do mar afogado, eu andava, esperava, nessa Argel de dezembro que continuava sendo para mim a cidade dos verões. Eu fugira da noite da Europa, do inverno dos rostos. Mas a cidade dos verões, ela própria, esvaziara-se de seus risos e só me oferecia ombros curvados e brilhantes. À noite, nos cafés violentamente iluminados em que me refugiava, lia minha idade nos rostos que reconhecia sem poder nomeá-los. Sabia tão apenas que tinham sido jovens comigo e não o eram mais.

Obstinava-me, entretanto, sem saber muito bem o que esperava, senão, talvez, o momento de voltar a Tipasa. É sem dúvida grande loucura, e quase sempre castigada, voltar aos lugares da mocidade e querer reviver aos quarenta anos o que se amou ou gozou profundamente aos vinte. Mas eu estava avisado dessa loucura. Já uma primeira vez voltara a Tipasa, pouco depois daqueles anos de guerra que assinalaram para mim o fim da juventude. Esperava, creio, reencontrar aí uma liberdade que não podia esquecer. Nesse lugar, com efeito, há mais de vinte anos passei manhãs inteiras a errar entre as ruínas, a respirar os absintos, a me aquecer às pedras, a descobrir pequenas rosas, logo desfolhadas, que sobrevivem à primavera. Ao meio-dia somente, na hora em que as pró-prias cigarras calam, acabrunhadas, eu fugia diante do ávido flamejar de uma luz que tudo devorava. À noite, por vezes, dormia de olhos abertos sob um céu gotejante de estrelas. Eu vivia, então. Quinze anos depois, voltava a encontrar minhas ruínas, a alguns passos das primeiras ondas, percorria as ruas da cidade esquecida através dos campos cobertos de árvores amargas e, sobre outeiros que dominam a enseada, acariciava ainda as colunas cor de pão. Mas as ruínas estavam então cercadas de arame farpado e não se podia ingressar a não ser pelas entradas autorizadas. Era proibido também, por razões que (parece) a moral aprova, aí passear à noite; de dia, depara-se com um guarda ajuramentado. Por acaso sem dú-vida, naquela manhã chovia sobre toda a extensão das ruínas.

Desorientado, caminhando pela campanha solitária e molhada, eu tentava reencontrar, ao menos, essa força, até então fiel, que me ajuda a aceitar o que é, quando reconheço que não o posso mudar. E eu não podia, com efeito, remontar o curso do tempo, dar de novo ao mundo a fisionomia que eu amara e desaparecera em um dia, muito, muito antes. Efetivamente, no dia 2 de setembro de 1939, eu não partira para a Grécia como o devia fazer. Mas a guerra em compensação viera até nós e a seguir alcançara a própria Grécia. Essa distância, esses anos que separavam as ruínas quentes do arame farpado, eu os encontrava igualmente em mim, nesse dia, diante dos sarcófagos cheios de água preta, ou sob os tamarineiros encharcados. Criado primeiramente no espetáculo da beleza que era minha única riqueza, eu começara pela plenitude. Depois viera o arame farpado, isto é, as tiranias, a guerra, as polícias, o tempo da revolta. Fora preciso pôr-se em regra com a noite: a beleza do dia não era mais que uma recordação. E, nessa Tipasa enlameada, a própria recordação se esfumava. Beleza, plenitude ou mocidade, não se tratava disso! Sob a luz dos incêndios, o mundo subitamente mostrara suas rugas, suas chagas, antigas e novas. Envelhecera de chofre, e nós com ele. Esse elã que viera buscar aqui, bem compreendia eu que só eleva quem não sabe que vai lançar-se. Não há amor sem alguma inocência. Onde estava a inocência? Os impérios desmoronavam, as nações e os homens se esganavam, mordiam-se; tínhamos a boca emporcalhada. De início inocentes sem o saber, éramos agora culpados sem o querer: o mistério crescia com a nossa ciência. Eis por que nos ocupávamos, ó irrisão, com a moral. Enfermo, aspirava à virtude! No tempo da inocência, eu ignorava que a moral existisse. Sabia-o agora, e não era capaz de viver à sua altura. Sobre o promontório que amava outrora, entre as colunas molhadas do templo destruído, parecia-me andar atrás de alguém cujos passos sobre as lajes e os mosaicos eu ainda ouvia, mas que nunca mais alcançaria. Voltei a Paris, e lá fiquei alguns anos sem retornar à minha terra.

Entretanto, durante todos esses anos, algo me faltava obscuramente. Quando de uma feita se teve a sorte de amar intensamente, passa-se a vida a procurar de novo esse ardor e essa luz. A renúncia à beleza e à felicidade sensual que se lhe vincula, a servidão exclusiva à desgraça, exigem uma grandeza de que careço. Mas, afinal de contas, nada é verdadeiro se obriga à exclusão. A beleza isolada acaba por caretear, a justiça solitária acaba por oprimir. Quem quer servir uma com exclusão da outra não serve ninguém, nem serve a si próprio, e, finalmente, serve duas vezes a injustiça. Dia vem em que, à força de rigidez, nada mais maravilha, tudo está conhecido, a vida se resume em recomeçar. É o tempo do exílio, da vida seca, das almas mortas. Para reviver, é preciso uma graça, o esquecimento de si mesmo, ou uma pátria. Certas manhãs, ao dobrar uma esquina, um delicioso orvalho cai sobre o coração e se evapora a seguir. Mas o frescor perdura e é ele, sempre, que o coração exige. Tive de partir novamente.

Em Argel pela segunda vez, andando ainda sob o mesmo aguaceiro que me parecia nunca haver cessado desde uma partida, que eu julgara definitiva, no meio da imensa melancolia que recendia chuva e mar, apesar do céu de brumas, dos ombros fugindo da bátega, dos cafés cuja luz sulfurosa descompunha os rostos, eu me obstinava em esperar. E não sabia eu, de resto, que as chuvas de Argel, com esse jeito que têm de nunca mais acabar, cessam entretanto num instante, como esses rios de minha terra que se enchem em duas horas, devastam hectares de culturas e secam de repente? Uma tarde, com efeito, a chuva parou. Esperei mais uma noite. Um dia líquido se ergueu, deslumbrante, sobre o mar puro. Do céu, fresco como um olho, lavado e relavado pelas águas, reduzido por essas lixívias sucessivas à sua mais fina trama, e mais clara, descia uma luz vibrante que dava a cada casa, a cada árvore, um contorno sensível, uma novidade maravilhada. A terra, na manhã do mundo, deve ter surgido em meio de uma luz semelhante. Lancei-me novamente pela estrada de Tipasa.

Não há para mim um só desses sessenta e nove quilômetros de estrada que não esteja coberto de recordações e sensações. A infância violenta, os devaneios adolescentes em meio ao ronronar do ônibus, as manhãs, as jovens cheias de frescor, as praias, os músculos novos sempre ao máximo do esforço, a ligeira angústia da tarde num coração de dezesseis anos, o desejo de viver, a glória, e sempre o mesmo céu ao longo dos anos, inesgotável de força e de luz, insaciável ele próprio, devorando uma por uma, durante meses, as vítimas oferecidas em cruz sobre a praia à hora fúnebre do meio-dia. Sempre o mesmo mar também, quase impalpável pela manhã, e que reencontro no fim do horizonte tão logo a estrada, deixando o Sahel e suas colinas de vinhedos cor de bronze, desce para a costa. Mas não me detive a contemplá-la. Desejava rever o Chenoua, essa pesada e sólida montanha, recortada num só bloco, que corre ao longo da baía de Tipasa a oeste, antes de baixar ao mar. A gente a percebe de longe, muito antes de chegar, vapor azul e leve que se confunde ainda com o céu. Mas ela se condensa pouco a pouco, à medida que se avança para ela, até tomar a cor das águas que a cercam, grande onda imóvel cujo ímpeto prodigioso se houvesse brutalmente fixado acima do mar de súbito acalmado. Mais perto ainda, quase às portas de Tipasa, eis sua massa altiva, escura e verde, eis o velho deus musguento que nada abalará, refúgio e porto para seus filhos, entre os quais estou.

É contemplando-o que transponho enfim o arame farpado para me encontrar entre as ruínas. E, na luz gloriosa de dezembro, como acontece unicamente uma vez ou duas em vidas que, depois disso, podem considerar-se plenas, voltei a encontrar exatamente o que viera buscar e que, apesar do tempo e do mundo, a mim sozinho se oferecia realmente, nessa natureza deserta. Do fórum juncado de olivas, descobria-se a aldeia embaixo. Nenhum ruído vinha dela: leves fumaças subiam no ar límpido. O mar também se calava, como sufocado sob a ducha ininterrupta de uma luz faiscante e fria. Vindo do Chenoua, só um longínquo canto de galo celebrava a glória frágil do dia. Do lado das ruínas, tão longe quanto a vista alcançava, descortinavam-se apenas pedras brancas gretadas e absintos, árvores e colunas perfeitas na transparência do ar cristalino. Parecia que a manhã se havia fixado, o sol parado por um instante incalculável. Nessa luz e nesse silêncio, os anos de furor e de noite fundiam lentamente. Eu ouvia em mim um rumor quase esquecido, como se meu coração, de há muito parado, repusesse-se a bater docemente. E agora, acordado, reconhecia um por um os ruídos imperceptíveis de que era feito o silêncio: o baixo contínuo dos pássaros, os suspiros leves e breves do mar ao pé dos rochedos, a vibração das árvores, o canto cego das colunas, o roçar dos absintos, os lagartos furtivos. Ouvia isso, escutava também as ondas de felicidade que subiam em mim. Parecia-me que voltara finalmente ao porto, por um instante ao menos, e que esse instante doravante não mais terminaria. Mas pouco depois o sol subiu visivelmente um grau no céu. Um melro preludiou um átimo e logo, de toda parte, cantos de pássaros explodiram com uma força, um júbilo, uma alegre discordância, um encantamento infinito. O dia reiniciou sua marcha. Iria conduzir-me até a noite.

Ao meio-dia, nos declives semiarenosos e cobertos de heliotrópios como de uma espuma que teriam deixado ao se retirar as ondas furiosas dos últimos dias, eu olhava o mar que, nessa hora, mal arfava num movimento de exaustão e dessedentava as duas sedes que não podemos enganar muito tempo sem que o ser se resseque: amar e admirar. Pois há somente má sorte em não ser amado, mas há desgraça em não amar. Morremos todos, hoje, dessa desgraça. Porque o sangue, os ódios, descarnam o próprio coração; a longa reivindicação da justiça esgota o amor que, no entanto, deu-a à luz. No clamor em que vivemos, o amor é impossível e a justiça não basta. Eis por que a Europa odeia o dia e não sabe senão opor a injustiça a si mesma. Mas, para impedir que a justiça se encoscore, belo fruto alaranjado que só contém uma polpa amarga e seca, eu redescobria em Tipasa que era preciso conservar intatas em si um frescor, uma fonte de alegria, amar o dia que escapa à injustiça e tornar ao combate com essa luz conquistada. Reencontrava a antiga beleza, um céu jovem, e media a minha sorte, compreendendo enfim que nos piores anos de nossa loucura a lembrança desse céu jamais me abandonara. Fora ele, afinal, que me impedira de desesperar. Sempre soubera que as ruínas de Tipasa eram mais jovens que nossos canteiros de obras ou nossos escombros. O mundo nelas recomeçava todos os dias dentro de uma luz sempre nova. Ó luz!, é o grito de todas as personagens colocadas diante de seu destino no drama antigo. Esse último recurso era também o nosso e eu o sabia agora. No meio do inverno, eu aprendia enfim que havia em mim um verão invencível.

Deixei novamente Tipasa, reencontrei a Europa e suas lutas. Mas a lembrança desse dia me sustenta ainda e me ajuda a acolher com o mesmo espírito o que transporta e o que acabrunha. Na hora difícil em que nos achamos, que mais posso desejar exceto nada excluir? E aprender a trançar com fio branco e preto uma mesma corda retesada até se romper? Em tudo o que fiz e disse até agora, parece-me reconhecer bem duas forças, mesmo quando se contrariam. Não pude renegar a luz em que nasci e, no entanto, não quis recusar as servidões deste tempo. Seria fácil demais, aqui, opor ao doce nome de Tipasa outros nomes mais sonoros e cruéis: há para os homens de hoje um caminho interior que eu conheço bem por tê-lo percorrido nos dois sentidos e que vai das colinas do espírito às capitais do crime. E por certo podemos sempre descansar, adormecer nas colinas, ou tomar pensão no crime. Mas se se renuncia a uma parte do que se é, cumpre renunciar também a ser; é preciso então renunciar a viver, ou a amar de outro modo salvo por procuração. Há assim uma vontade de viver sem nada recusar da vida que é a virtude mais honrada por mim neste mundo. É verdade que, de tempos em tempos ao menos, eu gostaria de tê-la exercido. Já que poucas épocas exigem tanto quanto a nossa que nos façamos iguais ao melhor como ao pior, gostaria, precisamente, de nada eludir e conservar uma dupla memória exata. Sim, há a beleza e há os humilhados. Quaisquer que sejam as dificuldades, gostaria de nunca ser infiel nem a uma nem a outros.

Mas isto ainda se parece com uma moral e nós vivemos para alguma coisa que vai mais longe que a moral. Que silêncio, se pudéssemos nomeá-lo! Sobre a colina de Santa Salsa, a leste de Tipasa, a tarde é habitada. Está claro ainda, em verdade, mas, na luz, um delíquio invisível anuncia o fim do dia. Ergue-se um vento, leve como a noite, e subitamente o mar sem ondas toma uma direção e corre como um grande rio infecundo de um ponto a outro do horizonte. O céu se abisma. Então começa o mistério, os deuses da noite, o além do prazer. Mas como traduzir isso? A pequena moeda que levo daqui tem uma face visível, o belo rosto de uma mulher que me repete tudo o que aprendi nesse dia, e uma face corroída que sinto sob meus dedos durante a volta. Que pode dizer-me essa boca sem lábios, senão o que me diz outra voz misteriosa, que me ensina todos os dias minha ignorância e minha felicidade:

"O segredo que procuro está enterrado num vale de oliveiras, sob a relva e as violetas frias, ao redor de uma casa velha que recende a sarmento. Durante mais de vinte anos, percorri esse vale e os que a ele se assemelham, interroguei mudos pastores de cabras, bati à porta de ruínas inabitadas. Por vezes, à hora da primeira estrela, no céu ainda claro, sob uma chuva de fina luz, pensei saber. Sabia em verdade. Sei ainda, talvez. Mas ninguém quer esse segredo, eu próprio não o quero, sem dúvida, e não posso separar-me dos meus. Vivo no seio de minha família que acredita reinar sobre cidades horríveis e ricas, construídas de pedras e de brumas. Dia e noite, ela fala alto e tudo se dobra diante dela que não se dobra diante de ninguém: é surda a todos os segredos. Sua força, que me sustém, aborrece-me entretanto e acontece que seus gritos me cansem. Mas sua desgraça é a minha, somos do mesmo sangue. Enfermo também, cúmplice e ruidoso, não gritei igualmente entre as pedras? Por isso me esforço por esquecer, ando pelas nossas cidades de ferro e fogo, sorrio bravamente às noites, chamo as tempestades; serei fiel. Esqueci, é certo; ativo e surdo, doravante. Mas talvez um dia, quando estivermos preparados para morrer, de exaustão e de ignorância, poderei renunciar a nossos túmulos berrantes, para ir deitar-me no vale, sob a mesma luz, e aprender uma última vez o que sei."

(1952)

O mar muito de perto
Diário de bordo

Cresci no mar e a pobreza me foi faustosa; depois perdi o
mar e todos os luxos me pareceram insossos, a miséria intolerável. Desde então espero. Espero os navios do retorno, a casa
das águas, o dia límpido. Paciento, de uma polidez a toda
prova. Veem-me passar pelas belas e sábias ruas, admiro as
paisagens, aplaudo como todo mundo, dou a mão, não sou
eu quem fala. Elogiam-me, sonho um pouco; ofendem-me,
mal me espanto. Depois esqueço e sorrio a quem me ultraja,
ou cumprimento demasiado cortesmente a quem aprecio.
Que fazer se não tenho memória a não ser para uma única
imagem? Intima-me enfim a dizer quem sou. "Nada ainda,
nada ainda..."

É nos enterros que me supero. Sou realmente excelente.
Caminho num passo lento em arrabaldes floridos de sucata,
sigo por largas alamedas, plantadas de árvores de cimento e
que conduzem a covas de terra fria. Aí, sob o penso apenas
avermelhado do céu, olho destemidos camaradas inumarem
meus amigos em três metros de profundidade. A flor que a mão
gredosa me estende então, se a jogo, nunca deixo de atingir

a fossa. Tenho a piedade precisa, a emoção exata, a nuca convenientemente inclinada. Admiram que minhas palavras sejam justas. Mas não tenho mérito: espero.

Espero muito tempo. Por vezes, tropeço, perco a mão, foge--me o êxito. Que importa, estou então sozinho. Acordo assim, dentro da noite, e, meio adormecido, creio ouvir um rumor de ondas, a respiração das águas. Inteiramente acordado, reconheço o vento nas folhagens e o rumor infeliz da cidade deserta. Depois, toda a minha arte não é demais para esconder meu desespero ou vesti-lo segundo a moda.

Outras vezes, ao contrário, sou ajudado. Em Nova York, certos dias, perdido no fundo desses poços de pedra e aço em que erram milhões de homens, corria de um a outro, sem ver o fim, exausto, até não ser mais sustentado senão pela massa humana que procurava sua saída. Sufocava então, meu pânico ia gritar. Mas sempre um apelo longínquo de rebocador vinha lembrar-me de que essa cidade, cisterna seca, era uma ilha, e que na ponta de Battery a água de meu batismo me aguardava, preta e podre, coberta de cortiças furadas.

Assim, eu que não possuo nada, que dei minha fortuna, que armo minha tenda perto de todas as minhas casas, vejo-me, quando quero, plenamente feliz, aparelho a qualquer hora, o desespero me ignora. Não há pátria para o desesperado e eu sei que o mar me precede ou me segue, tenho uma loucura sempre pronta. Os que se amam e se acham separados podem viver na dor, mas não se trata de desespero: sabem que o amor existe. Eis por que eu sofro do exílio, de olhos secos. Espero ainda. Um dia chega, enfim...

* * *

Os pés nus dos marinheiros ecoam docemente no convés. Partimos ao raiar do dia. Logo que saímos do porto, um vento curto e rude escova vigorosamente o mar que se convulsa em pequenas ondas sem espuma. Pouco depois, o vento refresca e semeia a água de camélias que rapidamente desaparecem. Assim, durante toda a manhã, nossas velas estalam por cima de um enorme viveiro. As águas são pesadas, escamosas, **cobertas** de babas brancas. De vez em quando, as ondas ganem de encontro à proa; uma espuma amarga e untuosa, saliva dos deuses, escorre ao longo da madeira até a água onde se dispersa em desenhos movediços e renovados, pelo de alguma vaca azul e branca, animal estafado, que ainda flutua longamente na nossa esteira.

Desde a partida, gaivotas acompanham nosso navio, sem esforço aparente, quase sem mover as asas. Sua bela navegação retilínea mal se apoia à brisa. Subitamente, um arroto brutal ao nível das cozinhas lança um alarma guloso entre os pássaros, tumultua seu belo voo e inflama um braseiro de asas brancas. As gaivotas giram loucamente em todos os sentidos, e depois, sem perda de velocidade, saem uma após outra da confusão para mergulhar sobre o mar. Alguns segundos depois, ei-las novamente reunidas sobre a água, viveiro em disputa que deixamos para trás, aninhado na concavidade da vaga que desfolha lentamente o maná dos detritos.

Ao meio-dia, sob um sol ensurdecedor, o mar se levanta a duras penas, exausto. Quando volta a cair sobre si mesmo, faz o silêncio assoviar. Uma hora de cozimento e a água pálida, grande placa de zinco aquecida ao rubro, crepita. Crepita, fumega, queima enfim. Dentro de um instante, vai voltar-se para oferecer ao sol sua face úmida, agora nas ondas e nas trevas.

Transpomos as portas de Hércules, a ponta onde morreu Anteu. Além, o oceano por toda parte; dobramos num mesmo bordo o Horn e o Boa Esperança, os meridianos desposam as latitudes, o Pacífico bebe o Atlântico. Logo após o cabo de Vancouver, avançamos lentamente para os mares do sul. À distância de algumas braças, as ilhas de Páscoa, da Desolação e as Hébridas desfilam em comboio à nossa frente. Uma manhã, bruscamente, as gaivotas desaparecem. Estamos longe de qualquer terra, e sós, com nossas velas e nossas máquinas.

Sós também com o horizonte. As vagas vêm do leste invisível, uma por uma, pacientemente. Alcançam-nos e, pacientemente, apartem de novo para o oeste desconhecido, uma por uma. Longa caminhada, nunca iniciada, nunca terminada... Os rios passam, o mar passa e fica. É assim que se deveria amar, fiel e fugitivo. Desposo o mar.

Mar alto. O sol desce, é absorvido pela bruma bem antes do horizonte. Durante um curto instante, o mar é rosado de um lado, azul de outro. Depois as águas escurecem. A galeota desliza, minúscula, à superfície de um círculo perfeito, metal espesso e embaçado. E à hora da maior quietação, na tarde que se aproxima, centenas de golfinhos surgem das águas, caracolam um momento ao redor de nós e fogem depois para o horizonte sem homens. Com sua partida, faz-se silêncio e a angústia das águas primitivas.

* * *

Pouco mais tarde ainda se dá um encontro com um iceberg no trópico. Invisível, sem dúvida, após sua longa viagem pelas águas quentes, mas eficiente: costeia o navio a estibordo onde o cordame se orvalha, um instante, de geada, enquanto a bombordo morre um dia seco.

A noite não desce sobre o mar. Do fundo das águas, que um sol já afogado pouco a pouco preteja com suas cinzas espessas, ela sobe, ao contrário, para um céu ainda pálido. Por um curto instante, Vênus permanece solitária acima das ondas pretas. O tempo de fechar os olhos, de abri-los, e as estrelas pululam na noite líquida.

A lua nasceu. Ilumina a princípio fracamente a superfície das águas, sobe mais, escreve na onda flexível. No zênite enfim, ilumina um corredor de mar, rico rio de leite que, com o movimento do navio, desce até nós, inesgotavelmente, dentro do oceano escuro. Eis a noite fiel, a noite fresca por que eu clamava nas luzes ruidosas, no álcool, no tumulto do desejo.

Navegamos sobre espaços tão vastos que se nos afigura não chegaremos nunca ao fim. Sol e Lua sobem e descem alternadamente, pelo mesmo fio de luz e de noite. Dias no mar, todos iguais como a felicidade...

Essa vida rebelde ao esquecimento, rebelde à lembrança, de que fala Stevenson.

Alvorada. Cortamos o Câncer em perpendicular, as águas gemem e se convulsionam. O dia se ergue sobre um mar agitado, cheio de lantejoulas de aço. O céu é branco de bruma e de calor, de um brilho morto, mas insustentável, como se o sol se tivesse liquidificado na espessura das nuvens, sobre toda a extensão da calota celeste. Céu doente sobre um mar decomposto. À proporção que o dia avança, o calor aumenta no ar lívido. Durante todo o dia, a proa levanta nuvens de peixes-voadores, pequenos pássaros de ferro, fora de suas moitas de vagas.

Durante a tarde, cruzamos um paquete em demanda das cidades. A saudação que nossas sereias trocam com três grandes gritos de animais pré-históricos, os sinais dos passageiros perdidos no mar e alertados pela presença de outros homens, a distância que aumenta aos poucos entre os dois navios, a separação enfim sobre as águas malévolas, tudo isso aperta o coração. Esses dementes obstinados, agarrados a tábuas, jogados sobre a crina dos oceanos imensos em busca de ilhas à deriva, quem, amando a solidão e o mar, deixará jamais de amá-los?

Bem no meio do Atlântico, vergamos sob os ventos selvagens que sopram interminavelmente de um polo a outro. Cada grito que damos se perde, alça voo para os espaços sem limites. Mas esse grito, transportado dia após dia pelos ventos, acostará enfim a um dos pontos achatados da Terra, reboará longamente de encontro às paredes de gelo, até que um homem, algures, perdido em sua concha de neve, ouça-o e, contente, queira sorrir.

* * *

Eu cochilava ao sol de duas horas quando um ruído terrível me despertou. Vi o sol no fundo do mar, as vagas reinavam no céu encapelado. De repente, o mar queimava, o sol escorria em minha garganta a longos goles gelados. Ao redor de mim, os marinheiros riam e choravam. Amavam-se uns aos outros, mas não podiam perdoar-se. Nesse dia, reconheci o mundo como era, decidi aceitar que seu bem fosse ao mesmo tempo maléfico, e salutares seus crimes. Nesse dia, compreendi que havia duas verdades, uma das quais nunca devia ser dita.

A curiosa lua austral, algo corroída, acompanha-nos durante várias noites, depois desliza rapidamente do céu até a água que a engole. Restam o Cruzeiro do Sul, as estrelas raras, o ar poroso. No mesmo momento, o vento cai por completo. O céu joga e balança em cima de nossos mastros imóveis. Motor parado, velas murchas, assoviamos na noite quente enquanto a água bate amistosamente em nossos flancos Nenhuma ordem, as máquinas estão caladas. Com efeito, por que continuar e por que voltar? Estamos felizes, uma loucura muda, invencivelmente, adormece-nos. Assim chega um dia que realiza tudo; é preciso deixar-se afundar então, como os que nadaram até a exaustão. Realizar o quê? Desde sempre, eu o calo a mim mesmo. Ó leito amargo, parto principesco, a coroa está no fundo das águas!

Pela manhã, nossa hélice faz docemente espumar a água morna. Retomamos velocidade. Por volta de meio-dia, vindos de remotos continentes, uma manada de cervos cruza-nos, ultrapassa-nos e nada com regularidade para o norte, seguida por pássaros multicores, que, de vez em quando, descansam em seus galhos. Essa floresta ruidosa desaparece pouco a pouco no horizonte. Pouco mais tarde, cobre-se o mar de estranhas flores amarelas. Ao entardecer, um canto invisível precede-nos durante longas horas. Adormeço, sereno.

Com todas as velas oferecidas a uma brisa nítida, deslizamos sobre um mar claro e musculoso. No auge da velocidade, leme a bombordo. E, ao fim do dia, corrigindo ainda nossa rota, inclinados a estibordo a ponto de nosso velame tocar a água, costeamos com grande rapidez um continente austral que reconheço por tê-lo outrora sobrevoado, como um cego, no esquife bárbaro de um avião. Rei preguiçoso, minha carruagem se arrastava então; eu esperava o mar sem nunca o alcançar. O monstro urrava, descolava guanos do Peru, arrojava-se por cima das praias do Pacífico, sobrevoava as brancas vértebras trincadas dos Andes, depois a imensa planície da Argentina, coberta de rebanhos de moscas, unia num só voo os prados inundados de leite do Uruguai aos rios pretos da Venezuela, aterrava, urrava ainda, tremia de cobiça ante novos espaços vazios por devorar e com tudo isso jamais cessava de não avançar ou de o fazer somente com uma lentidão convulsa, obstinada, uma energia esgazeada e retesada, intoxicada. Eu morria então na minha cela metálica, sonhava com carnificinas, orgias. Sem espaço não há inocência nem liberdade. A prisão para quem não pode respirar é morte ou loucura; que fazer nela senão matar e possuir? Hoje, ao contrário, estou empanturrado de sopros, todas as nossas asas estalam no ar azul, vou gritar de velocidade, jogamos à água nossos sextantes e nossas bússolas.

* * *

Ao vento imperioso, nossas velas são de ferro. A costa deriva a toda a velocidade diante de nossos olhos, florestas de palmeiras imperiais cujos pés mergulham em lagunas de esmeralda, baía tranquila, cheia de velas vermelhas, areias de lua. Grandes edifícios surgem já rachados sob a pressão da floresta virgem que começa no pátio; aqui e acolá um ipê-amarelo ou uma árvore de galhos roxos fura uma janela, o Rio desmorona enfim atrás de nós e a vegetação vai recobrir suas ruínas novas onde os macacos da Tijuca morrerão de rir. Mais depressa ainda, ao longo das grandes praias onde as ondas se fundem em girândolas de areia, mais depressa ainda, os carneiros do Uruguai entram no mar e o tornam subitamente amarelo. Depois, na costa argentina, grandes e grosseiros braseiros erguem ao céu, por intervalos regulares, metades de bois grelhados lentamente. À noite, os gelos da Terra do Fogo vêm bater na nossa quilha durante horas, o navio mal diminui a marcha e muda de rota. Pela manhã, a única vaga do Pacífico, cuja fria lixívia verde e branca borbulha nos milhares de quilômetros da costa chilena, levanta-nos devagar e ameaça nos afundar. O leme a evita, dobra as Kerguelen. Na tarde melosa os primeiros barcos malaios avançam em nossa direção.

"Ao mar! Ao mar!", gritavam os meninos maravilhosos de um livro de minha infância. Tudo esqueci desse livro, salvo esse grito. "Ao mar!", e pelo oceano Índico até o bulevar do mar Vermelho de onde a gente ouve rebentarem uma a uma, nas noites silenciosas, as pedras do deserto que gelam depois de ter queimado, retornamos ao mar antigo onde os gritos se extinguem.

* * *

Uma manhã finalmente, paramos numa baía cheia de um estranho silêncio, balizada por velas fixas. Somente algumas aves marinhas disputam no céu pedaços de caniços. A nado, alcançamos a praia deserta; durante o dia inteiro, entramos na água para nos secarmos, depois, na areia. Com a tarde, sob o céu que se faz verde e recua, o mar, tão calmo entretanto, acalma-se mais ainda. Ondas curtas sopram uma névoa de espuma sobre a praia morna. As aves marinhas desapareceram. Resta apenas um espaço oferecido à viagem imóvel.

Sim, ajuda a morrer saber que certas noites, cuja doçura se prolonga, voltarão depois de nós sobre a terra e o mar. Grande mar, sempre lavrado, sempre virgem, minha religião juntamente com a noite! Ele nos lava e nos satisfaz em seus sulcos estéreis, ele nos liberta e nos mantém em pé. A cada onda, uma promessa, sempre a mesma. Que diz a onda? Se devesse morrer, cercado de montanhas frias, ignorado do mundo, renegado pelos meus, sem forças enfim, o mar, no último momento encheria a minha cela, viria suster-me acima de mim mesmo e me ajudar a morrer sem ódio.

À meia-noite, sozinho na praia. Esperar ainda, e partirei. O próprio céu está parado, com todas as suas estrelas, como esses paquetes cheios de luzes que, nesta mesma hora, no mundo inteiro, iluminam as águas sombrias dos portos. O espaço e o silêncio pesam com um mesmo peso sobre o coração. Um amor repentino, uma grande obra, um ato decisivo, um pensamento que transfigura, em certos momentos dão idêntica ansiedade intolerável, ao lado de uma atração irresistível. Deliciosa angústia de ser, proximidade requintada de um perigo cujo nome ignoramos, viver, então, será correr à própria perda? Novamente, sem descanso corramos à nossa perda.

Tive sempre a impressão de viver em alto-mar, ameaçado, no âmago de uma felicidade real.

(1953)

Este livro foi composto na tipologia Minion Pro,
em corpo 11,5/16, e impresso em papel off-white,
no Sistema Cameron da Divisão Gráfica
da Distribuidora Record.